本书由“教育部高校思想政治工作创新发展中心（上海交通大学）专著出版资助计划”支持出版

教育部高校思想政治工作创新发展中心
（上海交通大学）系列专著简介

为不断提高大学生思想政治教育工作的针对性和实效性，落实立德树人根本任务，鼓励思政工作者聚焦工作中的难点和前沿问题开展研究工作，总结新时代思想政治工作和大学生成长规律，特推出教育部高校思想政治工作创新发展中心（上海交通大学）系列专著。

专著通过对理论创新、工作案例、特色经验等方面的成果梳理，凝练大学生思想政治教育工作中的经验和体会，促进理论和实践成果的转化应用，以切实提升大学生思政工作科学化水平。

成为你自己

梁钦 著

东方出版中心有限公司

图书在版编目（CIP）数据

成为你自己 / 梁钦著. —上海：东方出版中心，2021.6（2021.8重印）

ISBN 978-7-5473-1850-8

Ⅰ. ①成… Ⅱ. ①梁… Ⅲ. ①大学生-学生生活 Ⅳ. ①G645.5

中国版本图书馆CIP数据核字（2021）第117084号

成为你自己

著　　者　梁　钦
责任编辑　韦晨晔　江彦懿
封面设计　钟　颖

出版发行　东方出版中心有限公司
地　　址　上海市仙霞路345号
邮政编码　200336
电　　话　021-62417400
印 刷 者　上海盛通时代印刷有限公司

开　　本　890mm×1240mm　1/32
印　　张　8.375
字　　数　94千字
版　　次　2021年7月第1版
印　　次　2021年8月第2次印刷
定　　价　48.00元

序 一

习近平总书记在全国高校思想政治工作会议上强调:“要运用新媒体新技术使工作活起来，推动思想政治工作传统优势同信息技术高度融合，增强时代感和吸引力。”

近几年，“00后”开始步入大学。作为21世纪的新一代，他们被贴上了各种标签，如“捧着手机的青年”、“网络原住民”等。高校思政工作也由此在新时代中开拓了新思路、新方法，并着力完善将思政育人做到“因事而化、因时而进、因势而新”。

上海交通大学党委也始终把立德树人、教书育人作为核心使命，扎实推进“学在交大”，以价值引领、知识探究、能力建设、人格养成“四位一体”的人才培养理念为指导，强化育人阵地建设。

本书的作者，上海交通大学辅导员梁钦从2012年就开始撰写辅导员周记，通过与学生接触，了解他们的心理、情感、压力、收获，记录那些与大学生息息相关的故事、感悟、成长、经历。截至目前，已在互联网平台发表了500余篇原创周记，共计100余万字。

作为高校思政教育工作者，梁钦老师充分利用互联网平台围绕学生、关照学生、服务学生，受到了广大学生、家长及社会大众的支持与认可，她被同学们以其姓名的谐音亲切地称为“娘亲”。

此外，梁钦老师还在2015年开通了微信公众号“辅导员娘亲”，以打造当代青年交流平台为宗旨，持续推送正能量文章，其中更有不少文章被《人民日报》、《光明日报》、省级卫视等相关媒体采编。目前，该平台关注人数超过7万人，累计回答数万学生的咨询提问。

本书汇总了梁钦发布在“辅导员娘亲”公众号上的周记精华，皆具有代表意义与价值，旨在让更多的人懂得大学时光的珍贵，在奋发有为中“找到自己”，并努力“成为自己”，不负大学的青春岁月，不负人生的美好拼搏与追求。

这本书是我校积极推进网络思政教育工作的成果之一，体现了网络思政工作在高校教育中的重要作用。本书凝结了

"娘亲"思政工作的丰富经验。数年如一日，笔耕不辍，这是梁钦全心投身一线大学生思想政治教育工作的倾心总结。

适逢建党100周年，梁钦老师将包括本书所选文章在内的520篇周记作为建党百年的献礼。希望同学们通过阅读此书，更能不忘初心，坚持真我，追寻梦想，努力践行"选择交大，就选择了责任"，勇担时代赋予的使命，把青春的激情燃烧在为民族的伟大复兴奉献的岁月。

是为序。

上海交通大学党委书记

杨振斌

2021年6月

序 二

手里拿着这本书稿，感觉沉甸甸的。梁钦老师从 2012 年就开始在互联网上为学生们撰写与学生学习、生活相关的原创的辅导员文章，转眼间已经八年多，累计 100 多万字。现在，她将包括本书选编的文章在内的 520 篇周记作为建党百年的献礼，我感受到了这本书的温度。

辅导员的工作事无巨细。作为学生们成长成才的人生导师和健康生活的朋友，辅导员平时工作繁忙。梁钦老师作为其中一员，心系学生，真诚帮助，一直陪伴，写下了这些充满爱与温暖的文章。

爱是教育的灵魂，也是教育的永恒主题。高尔基说："谁爱孩子，孩子就爱谁。只有爱孩子的人，他才可以教育孩子。"爱是相互的，爱既在师生之间传递传导，也向社会辐射，在大学期间得到辅导员老师真心爱护的大学生，走向社会后也会将爱继续传递，让世界充满爱。

由于有爱作为灵魂和主题，这本书让我感受到了一以贯之的有触感的温暖、有力量的平静和有理想的坚守。

有触感的温暖来自于每一天和学生朝夕相处的生活。生活中的我们每个人都行进在各自不同的轨道上，经历着他人难以感同身受的喜怒哀乐。梁钦老师深谙这一点，她通过辅导员工作中积累的经验，用平实的文字用心记录着学生的成长经历，真诚分享着她与学生思维碰撞的感悟，不断观察着变换不停的社会百态。因为素材源于实践，因为情感发自肺腑，所以文章能唤起深度共鸣。无论你是挣扎在及格线边缘的学生，还是迷茫该如何与孩子拉近距离的家长，抑或是奔波忙碌、工作不停的上班族，都能在这本书中找寻到那抹恰好能够触及你的温暖。

有力量的平静来自于对辅导员工作的全身心投入。我们总是期盼自己能更好一些，能够跟上时代前进的步伐，于是步履匆匆、不停前进，也会时常焦虑、陷入愁绪。每次接触梁钦老师，她都是精力充沛、精神饱满，处于积极的忙碌状态，但却格外地沉稳。这是一个辅导员应该呈现给自己学生的最好状态，精神愈用则愈出，这是天下有志于事业者的共同状态。以此精神成就的这本书，在这个瞬息万变的世界，告诉我们人生不必太过慌张，更重要的是保持内心有力量的平静。也只有在这样的状态下，我们才能够理清思绪，做出适合自己的选择，怀揣着勇气和力量去面对接踵而来的未知的一切。

有理想的坚守来自于未来的召唤。习近平总书记强调，教育决定着人类的今天，也决定着人类的未来。教书育人、播种未来是辅导员的神圣使命。大学生们常常会期待长大后能成为某个存在于现实或想象中的人物。可是他们越长大，越发现，原来自己才是那个独一无二最特别的存在。无论在职场还是在学校，不必总与同辈们比较，也不必总苛求自己向前辈们靠拢。他人与自己，拥有不同的成长背景，遇见过不同的人生光景，自然也应该期待不同的人生愿景。“功崇惟志，业广惟勤。”梁钦老师的坚守是有理想的，诚如本书的主题——“成为你自己”，是对“自己”这一独立个体的最好期待，这就是一个辅导员为自己的学生指引的人生方向。

本书不仅记录了大学生的感悟、成长和经历，还包含了当下社会发生的种种现象；不仅给大学生提供了建议与支持，更给所有人陪伴与鼓励。更为重要的是，我们可以从这本书中读出梁钦老师的恒心与毅力。世间最难做到的是“恒”字，梁钦老师坚持八年如一日的劳心劳力，在平凡的岗位上铸就非凡，靠的就是这个“恒”字。陶行知先生说，教师是“千教万教，教人求真”，学生是“千学万学，学做真人”。古人云：“经师易求，人师难得。”梁钦老师以自己的实际行动做到了“经师”和“人师”的完美统一。

祝愿每一位读者，能够从这本书中汲取前行的力量，成为期待中的自己！

东北师范大学党委常委、副校长

教授、博士生导师

王占仁

2021 年 6 月

目 录

起点归程，每个阶段都有意义

生命旅途，你只需要成为你自己

引言：成为你自己

前段时间，和本科毕业生交流毕业后的规划。

大多数同学都打算继续读书，保研的已经开始进实验室了，考研的同学还在焦虑地等待成绩，要出国深造的同学还在观望，少数同学已经做好了工作的准备。

打算工作的同学对职业的选择也各不相同，有打算去互联网公司拼一拼的，有转战金融搏一搏的，唯独小源的答案让我眼前一亮。

小源说："我打算毕业后回老家开家奶茶店。"

"开奶茶店？"

这么多年，还是第一次听到这么有趣的规划。

我很老套地问了一句："那你爸妈知道吗？支持吗？"

小源很淡定地说："爸妈都同意的。"

小源家在江苏的一个二线城市，他一直很喜欢喝奶茶，闲暇时间也学习了一些做奶茶的技巧。

女朋友也很同意他的决定，他已经开始思考加盟计划以及未来的经营规划了。

“交大学生毕业后开奶茶店”，很多人会担心这会不会像当初北大出来以后卖猪肉的毕业生一样，得到的不是赞扬和支持，而是大众的不解和困惑，觉得浪费了学历。

说实话，如果是前几年的我听到这个规划，可能也会发挥辅导员“苦口婆心”的辅导技巧，告诉他开奶茶店完全可以作为一个兼职，更应该找一个更加“成功”的工作作为主业。

但是话说回来，什么又是成功的工作呢？

曾经的我认为，“成功”就是按照家长、社会普遍要求和鼓励的路径发展：

比如进了交大一定要努力，要保研，保不上研就考研；

比如考研了，就好好做科研，发很好的论文，拿国家奖学金；

比如硕士毕业能读博就读，毕业后要去国外做博后；

比如要找工作就找一个社会意义上成功的工作，考公务员，投身金融行业、互联网公司……

在实现自我价值的同时，也服务于社会。

人生就应该是这样，按部就班，有迹可循。

2018 年，我出过一本书，叫作《大学你得好好读》。

读什么？

好好学习、生活，塑造心灵，规划人生。只有这样，才能有一个成功的大学经历和成功的未来。

我想，这也是大多数家长老师所认可和期待的。

但是，现在我也会回头过来反思，我们到底有没有问过孩子，问过学生，他们想要的大学是什么样的？他们认为的成功和期望中的未来又是什么样的？

都说位置决定脑袋，作为老师，我总是习惯用我的思路和想法去定义我的学生，总是想让他们沿着我认为正确的道路前行。

但这过程中却很少去问：他们真正在想些什么？他们有什么困惑和什么烦恼？我们能够提供的，除了常规意义上的成功助力，还有些什么？

近几年，我希望自己可以关注到更广泛的大学生群体。

我们总是默认我们的学生都是优秀的、聪明的，但是这个优秀更多是从成绩维度进行衡量的。

100 个高中成绩拔尖的同学进入大学，势必也会区分出

1到100名。是不是可以说，后50%的同学都不优秀了呢？甚至说他们就不是严谨意义上的成功的同学了呢？

答案可想而知，并不是。

我越来越觉得，对于大学生而言，“成为自己”或许比“好好读”更重要。“好好读”只是一个路径，而“发现自己、接受自己、成为自己”才是我们真正要实现的目标，也是一辈子需要研究和探索的话题。

当下出现心理问题的大学生越来越多，北京大学的一个心理学专家甚至创造了一个新名词——“空心病”。

我想，背后的原因可能是从小到大，学生们被强调了太多次“好好读”，却没有深究好好读背后的原因和终极目的。

所以，当小源跟我说他的规划是开奶茶店后，我觉得很好玩，也跟他说，如果他实现梦想了，我去到他的城市，也一定会去他的店铺。在这个快速发展、不断变化的社会，只要他自己喜欢，过得快乐就够了，开奶茶店不也是很美好的事业吗？

大学的几年时光，如果同学们能够找到自己的兴趣和爱好，并且能够付诸行动去实现自己的规划，“发现自己、接受自己、成为自己”，还有什么比这个更让人开心的呢？

成为你自己

接受自己，也需要很大的勇气

人生是一场马拉松，走进大学，并不代表你可以懈怠，停止前进的脚步，人生的路很长，学会接受自己、悦纳自己，是在这个快节奏的社会中提高幸福感的必修课。

分流考落后，交友失败，我真没用……

前段时间看到微博上有个话题，“成年人的崩溃往往只是一瞬间”，当时恰好收到了小源讲述自己各种不顺经历的邮件。

小源在邮件中讲到他最近非常不顺。先是学业上遇到“水逆”，选拔考失利，在学校的分流考试中也发挥得不太理想，以至于成绩落后，没有办法选到自己心仪的专业。

再是情感生活也翻车，最近遇到了一个很喜欢的女生，好不容易鼓起勇气跟那个女生约了自习，结果被对方一口拒绝。再加上平日里一些其他的零零散散的小事情，小源就特别郁闷，他觉得自己简直就是“废柴”，是一个完完全全的失败者。

收到小源邮件的时候，其实我也正处于一个比较低迷的状态，因为投稿的论文又一次“杯具”了。除此之外还有一个重要课题的申请也败北。为了这个课题，我在暑假整整忙了两个月，有一段时间基本上每天都是朝八晚十一，写了删，删了再写，每天都在忙这个。

虽然知道这个课题很难中选，但是还是决定试一试，不得不承认，得知失败的时候还是很伤心和失望的。当几个失败的消息接踵而至的时候，我也觉得自己是一个完全的失败者，甚至觉得自己不适合做科研，这辈子我可能都和科研无缘了。

其实静下心来细想，小源口中的废柴和我心目中的科研失败者是类似的。我们之所以郁闷、焦虑很大程度上是因为我们都喜欢给自己“贴标签”。

所谓的“标签效应”指的就是当一个人被一种词语名称贴上标签时，他就会作出自我印象管理，使自己的行为与所贴的标签内容相一致。

正是因为在内心不断地积累失败、不顺、烦闷、苦恼的情绪，不断地给自己输入负能量，就像小源把自己定义为“废柴”，我把自己定义为“失败者”一样，我们得到的共同结论就是自己是失败的，也许做什么都不行。

此时此刻最应该做的不就是“撕掉标签”，继续努力吗？

就像有句话曾说“每一颗长成参天大树的种子都浸满了辛勤耕耘、不为人知的汗水”。

一个在我眼中科研大牛的朋友和我说，他在申请到国家课题前经历了十多次的失败。是的，很多时候我们只看到了别人的高光时刻，却看不到其背后的付出。

心理学家卡罗尔·德威克通过做实验证明了：在某些情况下，人们存在着自我损耗现象，也就是我们说的“标签效应”。德威克认为很多时候我们所能发挥的能力，所遇到的障碍和问题，大多数时候其实都源于自己对自己的态度和认知。

当你认为你的能力是固定的，你表现得不好，就证明你自己不行时，你很可能就会从此裹足不前，再也无法进步。相反，当你认为能力是可以增长的，你的每一次挫折和失败，都是在为未来积累经验时，你的能力和表现也会一步步提升。

我们是什么样的人，很大程度上取决于，我们如何看待自己，我们相信什么。所以，面对困难期，不能给自己下一个“失败者”的定义，然后裹足不前。而是应该对暂时失败的原因进行分析，整理出存在的问题，然后对症下药，继续前行。

我只想做个平凡人

有学生问我："娘亲，你的公众号里的关于学生的文章我都看了，优秀学生的比较多，'糊涂'的也有，但是很少收录普通学生的故事，我感觉大多数同学都是跟我一样的普通人。"（"娘亲"是同学们给我起的昵称。）

今天，就让我们一起来看一位普通同学的故事。

学生的自述

在上大学之前，我同大多数满怀期待的其他高考生一样，总是热情地规划自己的大学生活蓝图：学习、社团、寝室等等。

我在每一个我能想到的东西上都画上了自己的期待，于是带着这样的期待，我踏上了属于我的大学路，也开始了我人生当中一段比较灰暗的时光。

作为一个来自偏远山区的学生，我清楚地知道上大学之后可能面临的一切：薄弱的学习基础，物质匮乏，但我万万没想到最终压垮我的是我曾经的骄傲。

由于有六年的住宿生活经历，加上父母文化水平较低，因此大多数情况下面我已经习惯了自己做决定，在心理上，也一直把自己视作一个成熟的成年人。同时，从小成绩优异，总是被当成其他同学的榜样，因此又自命不凡，心怀开天辟地的远大抱负。

然而就像很多跟我一样来自大山的学子一样，我既自尊又敏感。尽管已经做好了心理准备，但我还是低估了大学给我的落差感，也高估了自己消化情绪的能力。

大学给我最大的打击就是：从小自认为值得骄傲的一切都变得一文不值。

原以为自己的学习能力还是很强的，考上交大是最有力的证明，但整个学期都活在了被考试支配的恐惧当中，每次考试之前都彻夜难眠。

原以为自己性格开朗，一定能交到很多朋友，但一整个学期独来独往，会因为想到自己在一个完全陌生的环境而默默感伤。

原以为天下的学霸都是一样的，只注重学习，但看着身边的人或多才、或多艺，自嘲原来坐井观天的只有自己。

唯一值得庆幸的是，我还没丢掉自己的志向，还没忘记自己上大学的目标，但期末考试成绩如同一盆寒冬里的冷水，直接扑灭了我仅剩的热情。

我的人生自高考分成了两截：前一段光彩绚烂，后一段暗淡无光。

在回乡的火车上，我想起了那个因为收到交大录取通知书而欢声雀跃的姑娘，想起了那个怀抱着理想与期待跨入校园的姑娘，看着窗外的房子慢慢从精致的小洋楼，变到简单装修的自建房，再到毫无装修的砖房甚至是瓦房。

我知道我的人生没有容错率，要么继续向前，要么烂在泥里。

我曾以为我可以是踩着七彩祥云而来的盖世英雄，但现实却让我做个仰望祥云的平凡人。

又想起了朋友的“鸡头凤尾”言论：在好学校做尾部学生还是进不怎么好的学校做一个优秀的学生？

谈着这个的时候，朋友选择了鸡头，我则坚信凤尾才是最佳选择。进入交大之后，我一度质疑这样的选择：人生如果不给自己那么重的负担是否能更开心？

但卸重之后的我还是我吗？

答案很肯定：不是。

人可以很平凡，但平凡不代表没有理想，更不代表着碌碌无为。

回到家的第二天，我特地跟着母亲去菜市场买菜，看着菜市场里人来人往，感觉之前在学校里被孤独与失意赶走的人间烟火味慢慢地又回到了我身上。

近处的阿姨们在各出神招地砍着价，不远处卖卤肉、拌菜的叔叔们大声吆喝着，路旁卖菜的小贩们三三两两凑在一起侃龙门，这熙熙攘攘，是我久违了的生活气息，也是平凡人最日常的生活。

看着他们，我觉得我活过来了。过去的我是小地方里璀璨的星星，而现在的我是大世界里面最平凡的一点光。

能够发现自己的问题，就是解决问题的第一步。

回校之后，我给自己定了目标，开始去完成蓝图里面的事情，哪怕平凡如路灯，也为世界献出了属于自己的光亮。

为了改善自己独来独往的情况，我参加了学校里面的一个公益社团，每个周末都要去给务工家庭子女做爱心家教、去养老院陪老人聊天。

在做公益的同时我认识了很多朋友，每次做完活动回来，就觉得我的烦恼不过尔尔，不足挂心。

除此之外，每天晚上去操场走走，和同学聊天也成了我生活的常态。学习是大学里面最重要的事情，我开始频繁地去找老师和同学讨论，有什么不懂的会反复问很多次。

当然，我常常发现一整本书下来没有几处是一点就通的，需要老师和同学多方的帮助；我还会因为某些物理学相关科目太难而深深怀疑自己的智商，但看到身边的同学也是苦苦挣扎之后，顿时接受了自己的平凡。

这样下来，成绩虽未能一飞冲天，但好歹也是慢慢进步了，在觉得自己的努力终于有了回报之余，也明白了自己真的就是平凡人的体质，做不了踩着七彩祥云而来的盖世英雄。

平凡没什么可怕的，可怕的是因为平凡而自甘堕落。

在之后，我和很多朋友都聊起过这一段历程，还以为只有我那么惨呢，才发现这种情况在这所大学里面很普遍。

曾经的天选之子泯为众人，这种落差本身就需要极强的心理素质去消化，加上原本对自己的要求就高，离自己目标越来越远带来的失落感，都有可能打垮一个人。

有些人走不出自己情绪的怪圈，最后可能会患上心理疾病不得不休学；更糟糕的是放任自己，最后闹到退学。但是极大部分的同学都走出来了，他们在接受了平凡之后，创造出了属于自己的不平凡。

你总是活得小心翼翼

小丽给我私信，说在室友面前总感觉“畏畏缩缩”。今天下午，我跟她约在办公室交流，谈了很久。小丽来自西部的一个小县城，当初以学校第一名的优异成绩考上了上海交大，虽然父母都是老师，但是他们的工资支付起小丽的学费和生活费却已十分勉强。

在没来上海交大之前，小丽还是蛮自信的，因为从小到大，周围人的生活环境、条件都差不多，小丽的成绩又特别好。到交大以后，她发现世界原来是不一样的。就比如寝室的四个同学，其他三个都来自苏浙沪地区，她们用的护肤品小丽都没有见过。上大学前，小丽连“PDF”都不知道，但是室友甚至可以熟练地运用“Photoshop”等软件。上大学前，小丽都没有来过上海，但是室友已经全世界旅游“打卡”了。

小丽感受到了巨大的落差，看到那些优秀且生活条件优越的同学总会觉得自己和她们很遥远，和她们一起说话做事都会有点“小心翼翼”的。小丽性格又很敏感，难以和别人“坦诚相待”，她很努力地想表现得自信一些，可是却很难真正做到。

小丽的话，在我脑海中反复回响，让我想起这段时间和另外两个同学的交流。其中之一的小美拿了奖学金，我问她打算怎么庆祝，她说打算请几个好友去上海一个米其林餐厅，大概人均消费 2000 元。“人均 2000？”我差点以为自己听错，小美说是的，因为其他的几家米其林她们都试过，这次想尝下这家的口味。

而就在同一天，我跟另外一个男生小勇交流，小勇是家庭经济困难同学，学的还是艺术类专业，平时需要花钱买课程材料。小勇发现自己的钱怎么都不够用，这个学期做了两份的勤工助学，然后将之前一顿三个菜 15 元压缩到了两个菜 10 元。

一边是一顿 2000 元的米其林餐厅，一边是一顿 10 元还嫌贵的饭菜，我百感交集。其实，这种差距在同学们中无比真实地存在着：

一边是一些同学逢假期就满世界的旅游打卡，一边是一些同学所有的休闲时间都在家教、勤工助学中度过。

一边是从来不知道香奈儿是啥，一边是从小就习惯了穿戴名牌。

一边是从未见过高楼大厦，一边是从小就穿梭在霓虹灯下。

一边是从未尝试过书本外的学习，一边是从小就到全国各地实践。

贫富，阶层，代沟……这是社会现实在大学真实的存在。虽然在同一个校园，但有一条缝隙却无形地裂开了。中国每年有多少大学生靠着自己勤工助学赚取生活费还要补贴家用，又有多少同学过着多数成年人都羡慕的生活？

其实，在刚做辅导员的时候，我或许会跟小丽说，虽然你的同学们比你有钱，但是她们没有你“快乐”。但事实上她的室友们也是快乐、幸福的，室友们也很纯真，也很善良，她们也有爱她们的爸妈，有很好的闺蜜，有很多的爱好，有更多的精神追求和享受。

大学、研究生、毕业、工作，就经济条件来说，小丽和她们的差距一直都会在。小丽的室友们一毕业，或许什么都有了，她们毕业的起点也许就是小丽这辈子奋斗的终点。

过几年，小美打算在市区买第二套房的时候，小丽或许还在纠结首付的第一套房是在闵行郊区还是松江郊区。

小美在考虑是不是该去一些小众的国家打卡时，小丽想是否该带爸妈去一趟“新马泰”，因为他们还没出过国。

小美考虑小孩该送哪一个私立小学的时候，小丽在纠结小孩能上附近的哪一个“菜场小学”。

……

小丽不敢买好包，不敢生病，不敢去旅游，她需要活得小心翼翼，才能经营好自己的那个小家庭。

所以，根本没有同一个起跑线一说。因为，每个人的出生环境、家庭条件、成长背景都是不一样的，有些人就是含着“金钥匙”出生，有些人生来家境贫寒，这就是现实。

对的，上面都是“现实”。但是，还有一个现实，小丽没有意识到。那就是：室友的幸福和快乐与否其实跟她个人的幸福快乐是不相关的。

同学们可以很幸福很快乐，这不妨碍小丽成为那个快乐幸福的自己。用通俗的话来说，就是“不要和别人比较”，这是“娘亲”跟小丽交流时候的第一点。是的，生活最终还是自己的，不要把过多的把精力放在别人的生活上。因为每个人都是独立的个体。

或许你会说，和室友抬头不见低头见，想要不比较很难。那么对于小丽来说：一方面，她需要找到自身的闪光点，可能家境比不上别人，学习或工作也与别人有一定的差距，但是要相信自己总有优秀的地方。或许只是一些很简单的小技能，即使不被看到，那也是一束自己独特的光。另外一方面，小丽可以找一些有共同经历的同学，一起学习、交流，当然也可以调整心态和室友们成为好朋友。

第二点，我希望小丽一定要注意身体，自己和家人的身体。尤其是爸妈，可以提醒他们定期体检。因为我知道，平凡的家庭禁不起太多的波折和风浪，对于小丽或者大多数家庭来说，一家人健健康康、快快乐乐的其实就是最幸福的事情。

第三，还是要努力，要奋斗。我们都说知识改变命运，这永远没错。人们生来就不是站在同一起跑线上的，这是谁都不能改变的事实，但却可以通过自己的努力尽可能地到达自己想要到达的目的地。我们能做的就是去争取、去攀登，即使现在的高度并不一定比别人高，但相比原来的高度我们已经上升了很多很多了，这种成就感是只有自己才能体会到的。

人生需要“断舍离”

近期，我们搬到了新的理科大楼，之前的一段时间是疯狂的整理期。在收拾老办公室、打包要搬走的东西的时候，我意外地发现了很多之前存着的物品，当时觉得藏着会有用，结果三年都没有翻开过。甚至于不搬家的话，我都忘了有这些物品的存在。

都说人类的本质是仓鼠，喜欢储存，很多东西虽然存之无用，但是去之可惜。这一次，我痛定思痛，把那些长时间都没有用过的物品统统“扔”了。原以为会不舍，结果却是如释重负，神清气爽。

这不禁让我想起日本杂物管理咨询师山下英子的“断舍离”理念。在英子看来，“断离舍”就是在不断重新审视自己和物品的关系前提下，通过舍弃不需要的物品，保留对自己重要的东西，从而发现新世界。

到了新办公室后，我发现丢弃之前的物品并没有让我的生活品质降低，反而使生活更舒适了。搬家时的断、舍、离，是“物品”上的舍弃，人生的“断舍离”远不止于此，它不仅仅是“物品上的舍弃”，还应包括“活动上的抛弃”以及“精神上的遗弃”。

小勇找我聊天，说下个学期就大三了，自己的学习压力很大，但是专业老师那里有科研实验，同时一个社团希望他留任做负责人。小勇不知道该怎么办，总觉得自己的时间不够用。我问小勇未来的规划是什么。小勇很果断地说跟着现在的科研老师直升读研。我说如果很坚定的话，其实没有什么好犹豫的，那就抓主要矛盾，把精力放在学习和科研实验上。

人的时间和精力是有限的，需要学会断、舍、离，这是智慧，也是哲学。其实，人生就是一个不断选择的过程，有“得”也必有“舍”，这个“舍”其实就是“断舍离”。只有不停地“舍”，才能更加聚焦自己选择，聚精会神地办最重要的事情，用中国人的话来说就是“集中力量办大事”。

小勇说他也是这么想的，但是做了选择后，又怕自己瞻前顾后，老是会后悔、焦虑。“万一选择不对”，怎么办？这让我想起前几天小丽过来找我，说起她跟大学闺蜜的友谊，这个她自己觉得是最好朋友之一的闺蜜，居然在她背后讲了她很多莫须有的“坏话”。虽然之前已经有两个朋友旁敲侧击过，但如果不是亲耳听到，小丽还是不相信，她觉得自己受到了深深的伤害，这份友谊也从此结束了，闺蜜变成了路人。但是，小丽还是很难受，毕竟是很久的闺蜜。

我和小丽说，“娘亲”一直信奉的哲学就是，做任何一个抉择之前充分考虑，做了抉择后绝不思前想后，拖泥带水。虽然这很难，但人的情绪和思维必须学会“断舍离”。我们每个人都是社会中的人，都会有七情六欲、喜怒哀乐。

考试失利后的自怨自艾，比赛失败后的捶胸顿足，情感失和后的悲痛欲绝都是人之常情，如果不能改变结果的话，就好好总结，与过去告别，在“断、舍、离”的基础上重新出发。

人的一辈子很长，如果不定时清理包袱、负能量的话，只会“负重前行”。断、舍、离，不仅仅是一种舍弃，更是一种选择和一种追求，是清空后的轻装上阵，是理性抉择后的重新出发。

谁说你不可以失败？

娘亲咖啡屋最近来了个小男孩，一个工科院系大二的同学。坐下来后他讲起最近困扰自己的事：

开学参加了学校的一个免修考试，结果没有通过，他觉得自己挂科无疑了。想跟爸妈说，但是又不好意思开口，想跟好友倾诉又觉得自己很失败，每天晚上回到寝室看到室友们那么开心，他就觉得很寂寞。后来得知免修没有通过并不算挂科，他一下子如释重负。

说完之后，小男孩就开始泪流不止，他说自己也不知道怎么了，可能是最近压力太大，太怕失败了。

最近这段时间，来了好几个类似的同学，都让我感触特别深。有调剂到自己不喜欢的专业的，有转专业没有成功的，有保研失败的，有投简历被拒的……讲起这些经历，同学们都会觉得很委屈、很失败，甚至有些同学很长时间都没办法从这个经历中走出来。

从小到大，父母和老师总是教育我们要好好学习，将来考一个好大学；也总是告诉我们要努力追求成功，但好像忘了教我们应该如何面对失败。

前几天收到了一封邮件，当事人小源从小到大几乎都是第一名，甚至到交大也是保送的，现在在美国读博。

大家大多只看到了他的成功，不知道的是从初中开始，小源就遭受着“双相情感障碍”的困扰，抑郁症和躁狂症会交错性发作。在成长的过程中，很少有老师会发觉他的心理出现了问题，成绩好了觉得他很骄傲，成绩不理想了，又觉得他不够努力。家长和老师从来关心的都只有他的成绩，却很少过问他学得开不开心，适不适应。

现在的小源在接受药物治疗，同时辅以心理治疗后，状态已经基本稳定了。现在的他想跟更多的人说，一方面心理疾病是需要治疗的，另外一方面：在人生的成长路上，是允许试错的。

有一位同学在推文下留言：

学会接受失败，学会合群……这些都是药物无法带给我们的，都是从小的教育里应该灌输进去的。

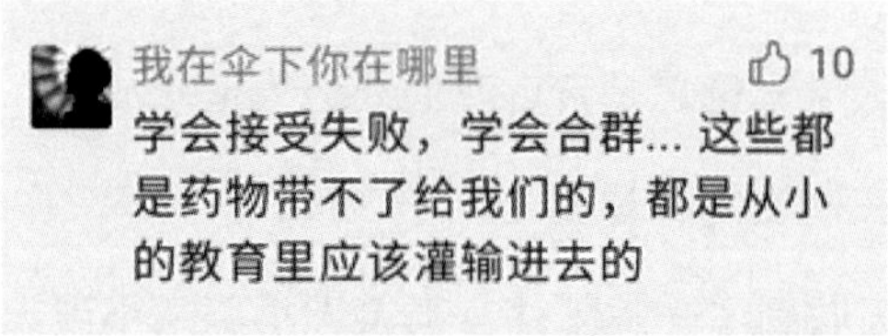

最近我们也看到了太多的关于同学选择极端方式结束生命的新闻，在这背后的原因有很多，但是最直接的触发事件还是关于失败的经历。

我们做了太多的成功学教育，是不是可以有一些关于失败的教育呢?

我想告诉同学们：没有谁的人生是一帆风顺的，人生就是由“起一落、起一落”的环节构成的，完美人生是不存在的。没有谁规定大学生就一定得五项全能，多方位优秀。

只要：

大学的你，是健康的。

大学的你，是快乐的。

大学的你，是向上的。

那么：

大学的你，也可以是普通的。

大学的你，也可以是失败的。

大学的你，也可以是平凡的。

去尝试吧，去失败吧

前段时间，小源鼓起勇气参加了学校的一个竞选，结果得票出奇地少。小源很郁闷，一方面因为竞选失败而沮丧，另一方面因为票数少而觉得“丢脸”。

其实，竞选受挫是常有的事。但是有几个善良的同学过来提醒我：“娘亲，您能不能安慰小源一下，我们怕这个对他打击太大。”

我问这些同学，如果你们遇到这个事，会怎么做？他们说不知道，就是觉得失败的感觉挺不好的。

失败的感觉挺不好。我琢磨着同学的话。谁都不想有失败，但是谁也不可能永远成功。那么，如果失败了该怎么办？

我拨通了小源的电话，电话那头，他确实很沮丧。

我说：“小源，你竞选失败了，是一件好事。”

小源很奇怪，问为什么是好事呢？

我回答道："经历过这次丢脸，以后遇到类似的事情，你都能一笑置之了。因为你已经有经验了。"

小源若有所思地说，看到过很多同学因为不能经历挫折而产生心理问题，这次确实也是一次很好的锻炼机会，起码尝试过了，再继续加油吧。

好像大家都有这种感觉——现在大学生们出心理问题的越来越多，尤其是抗挫折能力越来越弱，似乎不可接受失败，似乎自己一定要完美。当失败降临，同学会觉得失去了重要的机会，迟迟无法走出这一梦魇。"失败"这个猛兽，困扰着许多的学生。

这也有很多的原因。

比如，独生子女受到的关注更多，自尊心更强。

比如，升学制度让同学们更多关注成绩，少了对其他方面的培养。

比如，互联网时代大家更倾向于虚拟的交流，少了现实的经历。

比如，在竞争激烈的社会，学生认为失败就像落后别人一大截。

除了这些，我觉得还有一个很大的原因，其实就是同学们的经历太少了——不管是成功的经历，还是失败的经历。

最近，小思同学忘了在规定时间内落实一个事情，小姑娘特别紧张地给我电话，问该怎么办，说所有后果她来承担。

我特别淡定地说，没事，我们想想补救的措施，还来得及。然后我俩一起，抓紧进行了弥补。

小思问我，为什么能够这么坦然？

我笑着和她说，我刚开始工作时候也遇到过这种情况，也是惊慌失措。后来工作久了，经历多了，就平和很多。很多时候，就是因为经历多了，体会过很多起起落落，就淡定了。这也是为什么，我跟大家说要多去经历。

还记得第一次参加学校一个答辩，失败的滋味也是特别不好受，但是每一次失败之后，我都会总结经验，从 PPT 制作到内容试讲，寻找自己可以提升的地方，争取下一次做得更好。虽然现在还是经常会受挫，但是却淡定很多。

所以，真心希望同学们在大学期间，多经历，多尝试。不管最后的结果是成功还是失败，这些都会成为宝贵的经验。经历过，尝试过，当一切都过去，留下的将是内心的宁静和淡然。

我终于明白教育的本质不是追求卓越，而是……

昨天，收到了一个退学同学家长的微信，我的内心满是感动，也感慨颇多。我知道退学的决定并不容易，但是跟这个家长一样，我尊重这位同学的决定。

因为这条微信，脑海中突然浮现了这么多年来，陆陆续续从我手中离开上海交大的同学们。

还记得小 A，父母眼中的乖乖儿，到了大学因为学习的压力，加之家庭的原因，开始迷恋各种小说和网游，最终没能挺过“大学季”。

小 B，因为调剂到了自己不喜欢的专业，决定退学前，我建议他再试试，努力努力，或许尝试研究生时候再转专业，但是小 B 很坚定地选择了重新高考。

小 C，大四办的退学，直至退学前，她的妈妈才敢跟她爸爸说了实话。小 C 妈妈说她爸爸工作忙，脾气也很暴躁，一直不敢跟他说……

“交大的学生怎么还会退学呢？”

“为什么不再努力一下呢？”

“交大多好的学校啊，退学多可惜啊。”

……

我还深刻地记得第一次的告别，那天退学的小 A 离开时，转过身来给了我一个拥抱。小 A 离开之后，我一个人躲进办公室大哭不已。那段时间，我都特别难受，觉得自己是一名“失败”的老师。

退学的学生是大学的“挫败者”——这是大多数人，也是我最初的看法。作为一名辅导员，一名高校思政工作者，我的任务就是让每个同学成为卓越的自己，我不允许任何一个学生掉队。我们都认为，交大的学生哪能不优秀？交大的学生怎么可以不成功？他们都是百里挑一的啊。

然而，工作越久，我越发现自己曾经的想法是多么的幼稚。关于前面说到的退学学生，好像大众也有刻板印象，就是只要“退学”了，就是“差生”，因为他们没有坚持，没有努力；换言之，就是在遇到困难的时候没有选择坚守，而是选择了“放弃”。

但事实并非如此。多年的一线工作经历，让我得以走近和了解这些学生，也让我明白，退学的同学其实大多数不是所谓的“差生”。只是在当时的环境下，他们曾经选择的那条路并不再适合他们，每个人都出于各自的原因选择了离开，难以一言以蔽之。

退学后，小 A 工作了，自己创了业，也有了属于自己的家庭，谈及过往的经历，他打趣说我这个辅导员在大学时太烦了。

小 B 回去后，重新选择了高考，虽然现在的大学没有交大“好”，但是他学习起来得心应手，他到现在都感谢交大的包容。

还有小 C，离开时她跟我说：“娘亲，我这几年学得太痛苦了，我应该早点退学的，因为退学那一刻我如释重负。”现在的小 C 在另外一所大学读着书，交了一个男友，我经常看她朋友圈晒着旅游照片，照片上的她笑得那么灿烂。

曾几何时，我觉得教育的本质就是追求卓越。同学们到了大学，尤其是交大这么好的大学，一定要追求“成功”，别说是退学，即使成绩“差”都是不能容忍的。从前我总觉得有学生从我手上离开就是失败。慢慢地我明白，教育的本质就是让每个学生“找到自我”，让每个个体找到最适合自己的生活。

就像对待自己的孩子一样，我们也希望每一个学生都能够成功和成才，但是所谓的“成功和成才”并不适用于每一个个体。做惊天动地的事可能是一种成功，但是在平凡的岗位上兢兢业业也可以是一种幸福。

作为教育工作者的我们，应该以包容的姿态去接受每一位同学。我希望所有的我们，在任何时候，都不是为了安逸享乐而放弃，也不是为了自我感动而努力，我们所做的一切，都是为了找到“自我”，并去实现它。

除了你自己，没有人能够定义你

一直都想谈谈“自卑”的话题，但真正触发我动笔的是近期的两封私信。

一封是小勇的，小勇是去年从一所非重点高校考研到上海交大的，虽然在本科同学那里他是“神”一样的存在，但是来到交大的他，因为自己“不良好”的出身感到非常自卑，每当身边有人问起他的本科母校时，他都是支支吾吾搪塞过去。

还有一封是小丽的。和小勇不一样，小丽是从本科起便在交大就读，当初以全市前几的成绩考进交大，但是因为是农村专项的同学，老家又是特别偏远的山区，所以到了大学就觉得和大上海格格不入，尤其同学谈起一些时尚的名词时候，总想“退避三舍”。

因为自卑，小勇和小丽都发现自己慢慢地有些自闭，不喜欢跟同学们交流了。他们害怕这种恶性循环，不知道该怎么办……

其实小勇和小丽都是想上进的，因为他们已经意识到了目前的状态不利于个人的成长，所以想寻求改变。小勇和小丽的留言让我感触很深，也让我回忆起自己的成长过程中的那些刻骨铭心的“自卑”记忆。

第一次是初中，当时父母咬咬牙把我送到了市区的最好学校。因为班里的同学都是城里的，来自农村又是住校生的我总是有点自卑，觉得自己“特别土”。我出生的时候父亲年纪比较大了，加之一直干体力活，所以非常老态。初一的冬天，那天下大雪，怕我着凉的父亲特意从老家赶过来，在课间给我送衣服。第一排有个同学叫得特别大声：“班长，你爷爷来找你了。”

那时候我是班长，自尊心很强。现在还记得，当时我轻声跟同学说道：“那不是我爷爷，是我一个亲戚。”然后红着脸走出门口找爸爸，跟我爸说了一句“以后没事不要来找我”。我不知道淳朴的父亲有没有意识到我极强的自尊和极度的自卑，只知道后面的两年，父亲来学校时再也不敢直接来到我的教室，总是偷偷地来，偷偷地走。

当初的我没有意识到，这个事件给我造成了这辈子难以弥补的遗憾。常看“娘亲”文章的人应该知道，初三那年我的爸爸出了一场车祸，后来就变成了植物人，直至去世的八年时间里，一直都是躺在床上的。

父亲手术后的那几天，我脑海里回想的都是初一那天让爸爸不要再来教室找我的事，一个年幼孩子的自尊和自卑不知道如何伤了父亲的心。我哭着跟父亲说，只要他早点康复，我会告诉全世界他是我的爸爸，但终归没有任何机会了。

人生就是这样。

初中毕业后，我和同学谈起此事，结果他们早就忘记了那个寒冬送衣服的“爷爷”，他们只觉得我的父亲不容易，把我送到城里来读书。其实，很多时候你想象的别人的“异样眼光”，仅仅只是你自己的想法。

高中毕业，远离家乡去到那时候心目中的大城市宁波读书；大学时因为家庭经济困难一直是“贫困生”；研究生时来到交大，也不是本校毕业的；毕业工作后做了辅导员，很多人觉得我们辅导员不是真正的“大学老师”。到目前为止，我经历过很多看似“可以自卑”的经历。

但是，我再也不是当初那个否定寒冬中送衣服的父亲的女生。成长的经历，让我渐渐明白：每个人的家庭背景和人生足迹都是不一样的，属于自己的就是最好的。这个世界上，没有人可以定义你，除了你自己。

就如辅导员工作。最开始选择这份工作时，母亲还特意提醒我，别人问起来不要说是辅导员，要说交大老师（其实很多人不懂，辅导员就是老师）。母亲的这段话，非但没让我觉得做辅导员不合适，反而让我扬起了“斗志”，我想向母亲证明，辅导员也是大学的老师，是大学里一个不可替代的岗位。

除了你自己，没有人可以定义你，即使是母亲。

去年有次在学校散步，遇到一个学业困难的学生的家长，家长知道旁边是我妈妈的时候，跟母亲说起我为他孩子做的事。我只是做了一件所有辅导员都会做的事，家长却非常感谢。八年的辅导员经历让我感慨最深的是，母亲现在跟人介绍她的女儿时，会主动说起我是辅导员。别人问起这个职业具体是做什么的时候，她还会主动跟人解释。这也让我明白另外一个道理，没有人可以证明你自己，除了你自己。

小勇和小丽，虽然娘亲一直很反感直接讲道理，但是娘亲不漫长的人生经历中的刻骨铭心的感悟，还是想和你们分享——没有人可以定义你，除了你自己。换言之，最重要的是你是如何看待自己的。未经你的同意，没人能让你自卑。面对同样的情境，尝试换一个思路和方法。比如小勇，从非重点大学到重点大学，证明潜力无限，好好努力，说不准可以取得更大进步。

著名的心理学家阿德勒有一本书，叫作《自卑与超越》。在他看来，每个人从出生到生命中的不同阶段，都会有一系列的自卑情结。自卑并不可怕，关键在于怎样认识自己的自卑。对于每一个“自我”来说，只有接纳自己，才能学会超越。

一位学生的心理疾病抗争史

前段时间收到一封邮件，来自一位交大毕业生，现在美国读博，看到近期的几篇有关抑郁症文章，他说他也有类似的心理疾病经历——双相情感障碍。

不同于很多同学，他的心理疾病始于中学时期，病情严重的时候，不但没有得到救治，反而受到了更多的误解和伤害，他因此写了一篇文章来反映这类现象，希望能帮到更多人。

交大毕业生的自述

故事得从我初中讲起，我初中经常考年级第一，而且对数学很感兴趣，自学了全部的高中数学知识，还有一些竞赛知识。

初三临近中考的时候，我特别亢奋，会一直跟别人说自己很厉害，数学课上会一直想出风头，有几次不受控制地喊出一些话，被数学老师在课堂上严厉批评。我也不知道自己为什么会那样，很想控制自己，但做不到。有几个同学、老师说我骄傲自满，让他们很不舒服，有的甚至会直接来我面前指责我。

中考考完数学，班主任问我考得怎样，我当时很兴奋，随口说出了“不是很简单吗？”。当时有几个同学很不满，觉得我是在炫耀，他们可能并没有考好，比较受伤。其实我也不知道自己为啥会突然说出这句话，我并没有炫耀的意思，但同学、老师就是不满，我也不知道怎么解释。

中考完走下教学楼，遇到学校的政教处主任，跟他打了招呼。但他突然很不客气地对我说：“你好像考得不错，是吗？这份数学卷子很简单。”我听完有点难受，但我简单回应一下就走开了，没有解释。

等成绩出来，我打电话问班主任这成绩能排第几，他说学校第一是肯定的，但县里第几就不知道了。因为我数学没有考满分，他在电话里对我大声吼，说：“你数学肯定是哪里算错了。”我很受伤，挂断了电话。

之后我很难受，陷入了严重抑郁。当时不知道怎么自救，给初中班里的一个同学发了一封邮件，试图解释自己的行为，但是没有得到回应。

高中入学，因为中考成绩优异，得到学校的表彰奖励。高中的数学竞赛老师很注重培养我，让我去跟高三的竞赛班。但因为我处于严重抑郁期，不跟人打招呼，不说话，学习出现障碍，有几个同学开始很不满，觉得我并不配得到学校这样的待遇。

高一数学联赛没拿奖，同桌阴阳怪气地说“不是说没进省队就没有了吗”，还说年级里的另一个同学没学数学竞赛，但经常数学考试成绩比我好。我很受伤，很想回应他，但不知怎么做不到，抑郁状况变得更加严重了。

高一上学期期中考完，我考了班级第一，班长很不服气，直接来我面前跟我说“让你考第一了”。我很受伤，但因为严重抑郁，没有回应。

在一间教室，一个学长问完我期中成绩，直接怒斥一声摔门出去。我很难过，但因为严重抑郁，也没有任何回应。后来去竞赛培训，学长看我记不住电话号码，说我连电话号码都记不住。有一个同学看我背诵东西记不住，直接拿起我的书往我头上拍下去，说我智商太低了。

后来我病情越来越严重，一整年都没有笑过，脑子里经常会有初中班主任冲我吼的声音。在我严重抑郁的时候，老师虽然已经有所察觉，但却对我说傻傻的才能读好书。

在极度痛苦下，我开始发短信去骂初中班主任，但最后我极力控制住了自己，发了一条很诚恳的道歉短信，试图解释自己为什么会说数学很简单。于是初中班主任就来高中学校找了我，把我叫出教室，跟我说这是抑郁症，他有一个学生，比我聪明，也是得了抑郁症，最严重的时候会去电疗。

这是我第一次知道抑郁症，但并不知道该怎么求助。

初中班主任通知了我高一的班主任，还有我的家人。家人带我去县里的一家心理咨询机构，咨询师说我还在高中，最好不要吃药，怕影响记忆。我妈跟我说咨询费用很高，因为家里并不富裕，我就没再咨询。之后父母给我买了一些帮助睡眠的中药，我吃了有一点点改善，但我还是会不受控制地去发短信骂初中的老师。

高二上学期，初中的政教处主任找到了学校，我也被学校叫去了政教处。在政教处，数学竞赛的老师说要帮我，让我有什么委屈尽管说出来，不然就要扇我耳光。但我只是哭，说不出有人对我大吼、摔门的事。然后老师就说我现在才十几岁，要是二十几岁，去骂别人，就要跟别人上法庭辩论。我很害怕。老师让我跟初中政教处主任道歉，我确实当场道歉了。他还问我认不认识初中政教处主任，我说不认识，初中政教处主任就当场对我大吼，让我拿起手机把他的联系方式删掉。我非常痛苦，想解释，但却什么话也说不出来。

因为在政教处被一通教育，我开始极力控制自己不再做傻事。后来，我的抑郁状况改善了，高二数学竞赛拿了省一等奖，高三数学竞赛进了省队，还跟清华签了保送协议，只要拿到国家二等奖，就能保送清华。

但在国家赛答题的时候，我脑子里一直有别人冲我吼的声音，最后只拿了三等奖，差一点二等奖，保送了上海交大。

交大允许我五月提前入学，于是在别人还在准备高考的时候，我去了交大。在上海，我跟我姐说自己可能有心理疾病，她很支持我去求医，但我们只敢偷偷寻医。

我在百度搜到了一家私立医院，于是就去那家医院看。医生给我做了检查，开了很多中药，费用非常贵，我只吃了一个疗程的药，就放弃了。

大学我选了计算机专业，毕业后来到美国读硕博，第一年拿到了一家科技公司的实习。在实习期间，我遇到了高中的同学，他很想帮我，让我说出了很多事，那几天特别难受，每天只睡两三个小时。

在一个中午，我和同事吃饭，突然感到胸闷，自己回公司休息处躺下，不受控制地流了很多眼泪和鼻涕。我求助于同学，他说可以打 911，于是我就打了，被送去了医院，我被确诊了双相情感障碍，住院治疗了一周。

当时很担心治疗费用，但后来发现费用都被公司买的医保覆盖了，我不用出什么钱。出院后，我继续吃药，但开始出现副作用，因此去过急诊。药物让我很焦虑，实习结束回学校，我做了一个错误的决定——休学回家养病。

回到县城的家里，发现县城根本没有相应的医疗资源，家人只好不断带我去一线城市求医。后来幸运的是，我找到了适合自己的药物，没有副作用了。休学期满，我顺利回到学校，开始攻读博士，第一学期就幸运地发表了论文，人生开始步入正轨。

我知道有些事实写出来会对自己不利，但我还是写出来了，因为有些悲剧，是完全可以避免的。其实心理疾病跟感冒发烧是一个道理，是需要被治疗的；而且经过治疗，患者是能回归正常的生活的。

而要帮助心理疾病患者，很重要的是让大家都知道有这种疾病，在发现有人不幸患了心理疾病的时候，能够引导他们去寻求医疗帮助。

我想通过自己的经历让大家明白，心理疾病也是一种疾病，并不是患者矫情多想了。他们只是需要医疗援助，他们是需要被保护的，而不是被嘲笑、被批评教育。

只有大家都认识到心理疾病和感冒发烧是一样的，社会才真正进步了。

我知道很难，但请别放弃

这几天，北方某高校一名研三的同学在实验室结束了自己的生命，看到他的遗书，很多同学跟我一样很痛心，也很难过。

这是一个多么有趣的灵魂啊，字里行间都流露着温柔。他越来越不喜欢吃圣女果，点美团外卖会为公益活动捐钱，甚至于下辈子的愿望是成为某间猫咖里的一只猫……就像是我们身边的某一位同学。

他没有用“极端刺骨”的笔墨描绘读研时的“坎坷”，但我们却能感受到他深深的自责：实验总是不成功，家人给了那么多关怀，结果自己还是那么笨、那么懒。他的很多话，都能让我感同身受。作为一名硕士毕业，并且历经坎坷终于博士毕业的大龄女青年，我明白那种孤独和自责。

读博期间，我的博士论文开题就比同学们晚了半年，那时就是死活找不到灵感，也找不到动笔的感觉。

一边是写论文的压力，另一边是发论文的压力。有段时间我甚至都不敢打开邮箱，就怕收到“拒稿”的邮件。我也曾有过放弃的想法，觉得自己各种不行，根本不是科研的料，整夜整夜地失眠，然后去精神卫生中心，开了安眠药，每天靠着药物入睡。

和这个小男孩相比，我由于念的是文科类的专业，没有实验的压力，加之在职读博没有找工作的后顾之忧，所以即使是我自认为的感同身受，或许也只是感受到了皮毛吧。就像当初我读博时，我觉得没有人能体会到我的压力一样。

我现在所在的学院是理科院系，见到过太多的同学本科时和读研时判若两人。

有几个男孩，本科时很阳光，但是到了读研期间，整个人外貌改观，蓬头垢面不说，自身的状态也很糟糕，处于一种比较呆滞的状况。看着这些学生，我也觉得很心疼。

或许你会问，“读研究生压力真的这么大吗？”我只能说压力因人而异，但是对于大多数同学而言，尤其是理工科学生，确实挺煎熬的。

读研期间的压力主要来自三个方面。

一是和导师的关系。有些时候碰到一些比较“push”（压迫性）的导师，学生本身又比较“佛系”的话，就很容易出事。有些时候两个人本身都没问题，但是导师一般有自己的事业，学生也有自己的目标，两者冲突的话，确实很难处理。

二是实验科研的压力。“通宵”“崩溃”是我和同学们交流时经常听到的话，现在研究生毕业一般都会有论文的相关要求。如果顺利还好，但做科研，实验失败也是常有的事，经常听到同学说做了几个月的实验失败了，功亏一篑还要从头再来。

三是未来的压力和来自同辈的压力。现在工作竞争压力比较大，自杀的这位男同学面临着毕业和找工作的双重压力，一直在努力，却还是没有方向、没有成果、没有未来；加之身边的情感支撑不够，才会感觉生活挺难，没有动力。

我知道对于一些同学来说，现在很艰难，但还是想请你们不要放弃。

别放弃背后爱你的家人。

别放弃只有一次的生命。

别放弃总会有希望的未来。

和导师相处，可以多沟通，把自己的想法告诉导师，寻求他的帮助，如果真的觉得和导师不能沟通，也可以选择换导师，办法总是会有的。

实验的失败真的是常事。在人生的道路上多尝试吧，不管是成功的尝试，还是失败的尝试。因为尝试多了，你会发现人生就是一个起起落落的过程。读研期间的挫败或许在人生的长河中并不算什么。

关于未来，有一个三字箴言送给大家，就是“大不了”。当初读博扛不下去的时候，我就跟自己说，大不了不读了，很多人没读博不也是过得很好？就像工作一样，今年没有找到自己满意的岗位，大不了明年再来，人生那么长，成败并不是一时决定的。

史铁生说，死是一个不必急于求成的事，上帝把生交给我们，也顺便把死这个结果交给了我们。哪里有一帆风顺的人生？即使很艰难，但也请你别放弃，“大不了”我们从头再来。

成长的路，难免会遇到荆棘

青春正当时，无论怎样，都请一如既往地努力、勇敢、充满希望，要相信人生总会有不期而遇的温暖和生生不息的希望。

为什么上了大学更容易陷入低落的情绪？

刷交大水源社区的时候无意间刷到了这个帖子。

为什么上了大学更容易长期陷入低落的情绪？

水源广场　心情驿站　发发牢骚

活跃用户　　约 22 小时

RT

高中的时候也经常会因为考试失利、和同学关系处理不好、peer pressure等等而感到失落沮丧，但都不会持续太长时间，很多时候睡一觉起来就好很多，又能够比较好地投入到紧张的学习中。

上了大学，低落情绪肉眼可见地变多了，而且这其中掺杂的更多是深深的无力感，一事无成的挫败感，“屋漏偏逢连夜雨”“祸不单行”也出现得更加频繁，往往是很长一段时间接连受到多次挫折，没有能够让自己高兴/振奋/感觉生活充满了希望的因素，完全不像高中那样很容易就从阴影中走出来了。

欢乐的日子虽然有，但感觉总很短暂，总停留在回忆中，总是虚无缥缈，像空中楼阁。

是因为我不够努力？

是因为同龄人太强？

是因为自己没有自知之明、不自量力，以卵击石？

是因为自己不够知足，明知遥不可及却总想要更好的？

是因为什么呢？

卷也卷不动，躺也躺不平，一瓶子不满，半瓶子晃荡。

唉

高中的时候也经常会因为考试失利、和同学关系处理不好、peer pressure（同伴压力）等等而感到失落沮丧，但都不会持续太长时间，很多时候睡一觉起来就好很多，又能够比较好地投入到紧张的学习中。

上了大学，低落情绪肉眼可见地变多了，而且这其中掺杂的更多是深深的无力感，一事无成的挫败感。“祸不单行”也出现得更加频繁，往往是很长一段时间接连受到多次挫折，却没有能够让自己高兴、振奋、感觉生活充满了希望的因素，完全不像高中那样很容易就从阴影中走出来了。

欢乐的日子虽然有，但感觉总很短暂，总停留在回忆中，总是虚无缥缈，像空中楼阁。

是因为我不够努力？

是因为同龄人太强？

是因为自己没有自知之明，不自量力、以卵击石？

是因为自己不够知足，明知遥不可及却总想要更好的？

是因为什么呢？

卷也卷不动，躺也躺不平，一瓶子不满，半瓶子晃荡。

读完上面的帖子，“娘亲”也被触动了。

我们常说大学就是学校到社会的过渡阶段。高中时，大家只考虑“成绩”这么一件事；但是到了大学，生活中出现了成绩之外的太多外在因素，甚至包括未来的人生。人人都有太多无能为力的时刻。

一方面，是学习之外的种种竞争。社团、科研、恋爱，甚至于家庭背景。有“水友”是这么说的：因为高中你只需要考试成绩，大学你会发现还有好多人在参与学生工作、谈恋爱、参与社团、做科研。

高中时，平时考试失利对高考结果没有任何实质性的影响。大学考砸了，虽然存在重修的可能，但很可能影响专业分流、转专业以及保研等。和身边人的竞争不再仅由一场考试决定，而是由数十门课程的结果的总和决定。

另外一方面，是未来前途的各种未知。高中时的目标就是高考，有个明晰的界定，大学时的目标需要自己定，充满了太多的未知。

未来是选择就业还是读书?

就拿读书来说，继续读书是直研还是考研?

如果直研，国内还是国外?

如果国内，本校还是外校?

如果本校，本专业还是外专业?

……

大学总是面临着各种选择题，甚至有时有些选择稍加不慎就会影响一生。

虽然，我们听过了那么多的大道理，还是很难过好这一生，但是作为辅导员，娘亲还是想提一些建议：

关于大学里的种种竞争：希望大家能够对自己有一个正确的认知。不要把自己的情绪太多地建立在和别人的比较之上。比如微信朋友圈，我们常常会越刷越焦虑，就是因为朋友圈里展示的大都是朋友精挑细选的高光时刻，我们容易比较自己的当下而感到相形见绌。

所以，尽量找到自己的兴趣爱好和情感归属点。不要将快乐建立在“领先”别人之上，而是学会努力充实自己，认真学习、努力锻炼、适度社交都是合适的方式。

关于未来前途的各种未知：建议早点学会确定目标，通过大学的不断实践，找到兴趣点和擅长点，选择一个更加适合自己的未来道路。

比如想读研的话，可以在大学提前进实验室，了解自己是否喜欢和习惯。想要找工作的话，也可以力所能及地找几份实习。切不可到了大四才临时抱佛脚做个匆忙的决定。

原来名牌大学的人，也会自卑？！

这几天和同学们交流，有一个让我惊奇的发现，那就是很多同学都存在着一个共同的问题——自卑。

以小思为例，在和小思交谈的时候，我问她："开学后学习能跟上进度吗？对目前的环境还适不适应？"

小思犹豫了一会儿，说："娘亲，我觉得我太笨了，学习也不拔尖，体育也不擅长，甚至连个特长都没有，感觉自己什么都不会。"

我说："你不用给自己这么大的压力，每个人都有自己的特点和擅长的领域。"

小思看了看我，又低下了头，说："刚来交大时，感觉所有人都从同一起跑线出发，但是同学们好像开了加速器一样，学习、活动样样都落不下，而我就像在负重跑，感觉越来越跟不上大家的脚步，也没有一技之长，觉得自己很差劲，心里也总不是滋味。”

听完小思的倾诉，我大概明白了，她之所以会想这么多，是源于内心的“自卑”，对自己的怀疑和不自信。加之其他同学可以看得到的荣誉的衬托，使自己显得不尽如人意，让她对自己的认知画上了大大的问号。

其实很多同学都存在着这样的问题，总是觉得自己技不如人，觉得自己毫无特色，在哪里都是小透明，渐渐开始陷入自卑，对自己产生怀疑。

每每谈论起交大同学自卑的话题时，大多数人都会露出费解的表情，会说：“自卑？！不是都考上交大了吗，学习那么好，感觉一只脚都已经迈入了成功的大门，怎么还会有自卑的想法？”

听到这些，我总是很无奈地摇摇头。其实很多人都存在这种思维定式，认为能够考上名牌大学的学生也一定都是全才，甚至还会加上一层“琴棋书画样样精通”的滤镜。但我想说，其实交大的同学也只是普通人。

谈到自卑，我想和大家分享一下自己的经历。一直以来我都有一个很自卑的领域，那就是唱歌。如果按照学习领域的学霸、“学渣”分类，那么我在唱歌领域简直是十足的“麦渣”，五音不全唱歌跑调甚至能到“惊天地、泣鬼神”的地步。从小到大，只要遇到和唱歌相关的环节我都会绕道而行，去 KTV 也是能躲就躲、能逃就逃。

当然，对此我也不是没有努力过，我让朋友教过，自己用心学过，费尽心力琢磨提高唱功的方法，但结果都不尽如人意。有段时间我就陷入了深深的自卑之中，尤其是在媒体与设计学院学习的时候，别人会说：“你是学文科的，唱歌肯定很拿手吧。”我只想说：“说多了都是泪啊。”后来渐渐地也就淡然了，不会唱歌有什么的?

其实我们每个人都有自己擅长和不擅长的领域，不用过分在意别人的看法，你只需要尽力做好自己，根据自己的规划，按着自己的节奏慢慢前进就足够了。

在这里，我想给同学们三点建议。

一是坦然面对自己的“不足”或“缺陷”。

很多同学往往把一些“小问题”看得过于严重，甚至回避与其他同学的交往，将自己封闭起来。长期如此，很容易形成恶性循环，使自卑感加重。同学们应该坦然面对自己的不足，接受自己的平凡和普通，并不是每一件事都必须做到极致，卸下自己心里的负担，就会轻松很多。

二是寻找提升的可行方法，逐渐建立自信。

学习成绩不太理想的同学，可以努力通过借鉴别人的学习方法或是向老师寻求帮助来提高自己的学习能力，以缩短与别人的差距；不擅长体育的同学，可以和同学一起相约去操场跑步、锻炼，在提高体育能力的同时还可以强身健体；内向、不太擅长人际交往的同学，可以鼓励自己多参加活动，在社团、竞赛中锻炼自己表达、组织的能力。在平时的学习生活中，同学们也可以为自己设立小目标，当达到目标时，为自己竖起大拇指，告诉自己“我其实也可以，我做的还不错”。

三是建立积极的自我评价以对抗自卑感。

自卑的本质就是自我评价过低，而且这种评价往往是歪曲的、不合理的，表现为在某一事件失败的基础上对自己的能力和价值做出普遍性的否定评价。同学们要全面、客观、辩证地看待别人和自己，要明白人不可能十全十美，更不应该拿自己的弱项和别人的强项相比；要经常给予自己激励，告诉自己金无足赤，人无完人。

这世上没有不好的自己，只要勇敢地去接受、去改变、去提高，你就是最好的你。你说是吗？

警惕！从自卑到自闭！

好几个同学给“娘亲”留言，大家都不约而同地谈到了一个词——“自闭”。

虽然有调侃的意味，但是也不无担忧地道出了一个现实——自卑容易引向自闭。

做辅导员以来，我见过许多有自卑倾向的同学。每个同学产生自卑心理的原因各异，但是有一点类似，这些同学大多比较趋向于“自我封闭”。

比如，学业受挫的同学小源和因家境自卑的同学小思。

小源，以高考全县前三的成绩考入交大。上大学后，小源发现自己学业方面的优势不明显了，有几门课程怎么学感觉都很吃力，开始变得自卑。这时候，小源没有去向老师、同学寻求帮助，而是选择了逃避。

小源开始翘课，躲在寝室里玩游戏，沉迷于虚拟世界中，越来越不习惯在现实中与人交流，更不会倾诉心事，逐渐陷入了“自闭”的恶性循环。

另一位同学小思，性格内向，家里条件比较一般，进大学后发现室友的条件都比较好，感觉自己有点格格不入。家庭条件差距导致的自卑让小思更加不愿意主动与人交流，甚至开始逃避和同学们的交往。渐渐地，小思发现自己跟同学们的沟通出现了问题，出现了社交恐惧的趋向。

小思和小源正如我们身边的同学，或是我们自己，常常因为自卑而恐惧，然后选择逃避，慢慢沉溺于自己的内心世界，最后陷入恶性循环。

我曾经跟同学们谈过面对自卑的办法：学会接受自己，建立积极的自我评价以对抗自卑，同时寻找可行的方法逐渐建立自信。

还想跟同学们谈几点：

一是将自己的人生活成纵坐标。

这也是“娘亲”经常说的。最近我们常常说起“内卷”，内卷这么严重其实很多时候都是因为过度比较。所以，千万千万不要进行过多的横向比较。每个人的家庭背景、成长环境和生活方式都是不一样的，无法比较，也没有比较的必要。我们能做的，就是比昨天的自己更好。

二是尝试和人交流。

这并不是说独来独往不好。如果一个人学习、生活、工作都很充实，一个人并没什么不妥。但我也担心同学们遇到问题和困难时，就开始逃避，选择陷入“自闭”，例如通宵玩网游等。

尝试着和人交流，学习、生活中的各种事情都可以与人分享。倾诉之后，很有可能问题解决，快乐加倍。

三是学会寻求帮助。

如果觉得自己状态不好了，一定要学会寻求帮助。班主任、辅导员、心理咨询老师、专业老师等都是可以寻求帮助的对象。此外，年龄相仿的同伴，比如学姐学长、老乡、同班同学、社团的同学……都会是很好的交流对象，都可以尝试着去沟通。只要提出合理的诉求，肯定能够得到合适的帮助。

自卑是普遍存在的，每个人都可能在不同时间感受到自卑，所以不必因此恐慌。我们需要避免的，是陷入“自闭”。

妈妈，求求您放过我吧！

前些天，男生小勇的家长找到我，谈到自己很担心小勇的状况，因为小勇上了大学后就很少联系家人，也不和他们视频聊天，发微信也是惜字如金。家长很担心小勇的状态，怕孩子在大学里面人际交往出现问题。

之后，我和小勇面对面约谈了一次。对于母亲的说法，小勇却觉得很无奈。

他说，他不是不愿和母亲视频聊天，也不是不愿和母亲交流，只是母亲的“爱”让他透不过气来。母亲希望掌控他全部的生活，这种掌控甚至详细到每天早中晚饭吃什么，每天上了什么课，见了什么人，说了什么话……从他的表述可以看出，他觉得母亲的“关心”仿佛是在监视自己，让自己透不过气来。

在做辅导员的这些年里，我遇到很多类似这样的情况，父母觉得孩子从来不和家里联系，不分享自己近况；学生则抱怨父母管得太死，自己有种被人监视的感觉。

我们常常以为上了大学父母就会放手，但到了大学才发现，即使相隔半个中国，很多的父母依然无法放手，甚至想时时刻刻掌握孩子的动态。

可是，孩子和父母之间的关系，并不是某一方一味付出或者不断索取，而是双向的；父母对孩子给予了足够的信任，孩子也将会回馈父母成长的收获。

中国自古就有“孝顺”一词。于古代的释义就是，孝即是顺。作为孩子，顺从父母，就是孝的体现。“孝”字拆开来，上面是“老”，下面是“子”，字源的意思是“子承老”，“子”要承“老”的意志。

但是，一味地“顺从”，并不是孝顺。其实，父母们应该勇于放手。正如小勇的呼喊——“妈妈，求求您放过我吧”。

在这里，我想和所有的中国式父母，尤其是中国母亲说：请学会放手吧。

放手是让孩子成长成熟的第一步。孩子们不能永远生活在父母的羽翼之下，总有一天他们要离开你们独自生活。人生这么长，他们以后还要交朋友，还要工作，还要结婚……

这辈子，你们是不可能陪伴孩子走完全程的，为什么不让他们在大学阶段就学会独立，成为真正的自己呢？

放手不是放弃，你们可以尝试改变关心的方式，不是只有时刻了解孩子动态才是真正的关心。情侣之间有句话叫“陪伴是最长情的告白”，作为父母，我们需要做的也是陪伴。在孩子需要我们的时候，帮他们出主意，在他们不需要我们的时候，我们只需要默默地陪伴他们。父母永远是孩子最坚强的后盾。

对于为人子女的同学们，“娘亲”也想说：多点耐心吧。

我知道，很多的同学在面对陌生人或者朋友同学的时候，是一个十分友好且有耐心的人，但是面对父母的时候，就会缺少耐心去理解他们。可能是从小被父母宠着，以至于同学们在面对父母时，总是处于更高的地位，有恃无恐地对他们任性。现在，同学们长大了，需要将心比心，和家长交流时多份耐心。

要知道，父母对你无条件的好不是理所当然的，他们同样也需要你的关爱与理解，这样的反馈能让他们觉得，抚养你长大成人，很幸福。所以，下一次，和父母交流时候，不妨多说一点，再多说一点。

生活一团糟，除了爆炸还能做啥？

你有没有过那么一个阶段——学习、生活一团糟，什么都不顺心。小勇最近就是这样。因为疫情，研究生的他最近才返校，实验落后了一大截，毕业似乎也要延期；投出去的论文还没反馈，每天都刷无数遍网站的他越来越焦虑；最近，老家的爸爸身体又查出问题。

小勇说真是屋漏偏逢连夜雨，所有的烦心事都到一块了，感觉整个人都快爆炸了，想要跑到一个空旷的场地大喊一番。我告诉他，如果大喊真的能解决所有问题倒是好事，交大电院那边有一块大草坪，可以在周末哪个没人的时候逮住机会大喊一番。问题，是喊完之后这些烦心事还在，所以最关键的还是如何去面对。

我建议小勇理理思路。让他"焦虑"的烦心事其实是三件，一是实验进展，二是论文投稿，三是父亲生病。

任何时候，我们都可以把烦心事分为两类，一类是可以改变的，一类是不可以改变的。

对于“可以改变”的，努力去改变。对于“不可以改变”的，努力去接受。

小勇的三件事中，实验进展和父亲的病是可以改变的。实验的进展可以跟导师充分地沟通，疫情回校可以尝试多花时间，加班加点学习。父亲的病不是大病，遵医嘱做好休养也会慢慢康复。

论文投稿的反馈时间，是小勇不能改变的，这个阶段能做的就是等待。我也明白他这种焦虑的心理，但是审稿的反馈时间是我们不能控制的，所以在此期间就尝试让等待变得“美好”起来吧。

小勇的经历也让我自己有了投射。近期我的论文也在投稿中，有时候跟他一样，焦虑得不停刷网页，但是一直没有结果。后来我转念一想，既然这个结果不是我所能改变的，那我唯一能做的就是继续努力前行。

如果不想开始新的研究，那就给自己一段时间放空自己，做一些自己一直以来没做却想做的事。

比如疯狂地看电影。

比如疯狂地快走。

比如读一读“种草”了很久却一直没有看的书。

……

近期我就把星爷（周星驰）的经典电影重温了一番，然后继续开始每天走路四公里，希望把疫情期间增的肥减回去。

小勇，现在你就继续按部就班地实验吧。着眼眼前的事，如果实在焦虑得不行，就给自己一个缓冲期，放松后再继续前行。

父母和我说：“你应该转专业。”

关于专业

这几天，大一学生小勇来找我谈话。他说他现在很苦恼，因为他的妈妈要他下个学期转专业的时候转去计算机专业，最好是人工智能方向，因为计算机专业工作好找，人工智能现在又很火，将来工资肯定很高。小勇其实蛮喜欢现在所学的专业的，但他也觉得可能会喜欢上他妈妈替他选择的专业，并且母亲一直很强势。小勇也坦诚，现在所学的专业其实也是高考后妈妈替他选的。

从出生开始，幼儿园、初中、高中甚至是大学，很多时候我们都是听从父母的安排的。很多同学，包括我自己也是，其实很多时候就是一台“执行机器”，执行父母为自己做出的决定。父母的建议，是从他们的角度思考出来的可能会对我们好的选择。平心而论，听从母亲的建议可能会让我们少走很多弯路。

关于选择

但是，父母的建议总归是父母的选择，我们的人生还是需要自己掌控的。大学阶段，不就是选择自己从事何种事业、过何种人生的时候吗？如果你所学习的东西，你所从事的事业，不是你自己选择以及喜欢的，那做它的意义又是什么呢？

2011年，张泉灵在北大毕业典礼上这样讲道："有的人会跟我说这样的话：其实这个世界上有多少人能真正做到自己喜欢的职业呢？有多少人会把自己喜欢的事情变成自己终生的事业呢？你是很幸运的。我通常的反驳是这样的：如果，你考大学时选的专业不是你喜欢的，而是你父母喜欢的；你的选修课不是你喜欢的，而是拿证多、学分好拿的；你求职不是挑你喜欢的，而是待遇好的，请问，你选择时从未拿喜欢当事，凭什么你会从事喜欢的职业，并且成为终生的事业呢？凭什么呢？"

是的，把自己喜欢的事作为毕生事业是一种奢望，但这更是一种毕生的幸福。只有做自己喜欢的事，才能在研究它的途中，找到快乐。而这种快乐，是你在这项事业上开疆扩土的无尽动力。做着自己不喜欢的事情且感觉幸福的人，我猜是极少的。

关于建议

所以，对于小勇，以及有相关困惑的同学，我的建议是：首先，必须知道自己要什么。人生前 18 年，你活成了父母想要的样子，而如果接下来的大半人生，还是活在父母的“要求”之下，甚至将来找工作、找对象……都是在母亲的要求下，那么何谈自己的人生呢？

周国平说：“必须知道自己要什么。一是应该要什么，人生中什么重要、真正值得争取。这是正确的价值观。二是能够要什么，自己的兴趣和能力在哪里，做什么事最适合自己。这是准确的自我认识。”

所以，转专业可以，前提是自己对于计算机这个专业真正了解和喜欢。现在转专业的时间还没到，可以多去接触计算机专业的同学，多向老师和学姐学长取经，提前判断自己是否真正对这个专业感兴趣。

其次，和父母好好沟通交流。毕竟我们和父母的人生是跨越时代的。现在时代变了，已经不是以前那个吃不饱穿不暖的时代了。人生的意义不在于谋求生计，而在于谋求幸福和个人的价值。周国平在《何来何往》中说：“一个人若能做自己喜欢做的事，并且靠这养活自己，同时能和自己喜欢的人在一起，并且使他们感到快乐，即可称为幸福。”如果真的很喜欢现在的专业，那么我不建议冲动转去计算机。毕竟已经学了一年，自己也感兴趣，放弃岂不是很可惜？小勇，你觉得对吗？

最后，还是很羡慕小勇有一个经常为自己出谋划策的妈妈，只是下一次回家的时候，可以和妈妈沟通一下，大学了，更多的决定自己来做。因为自己选择的路，无论怎样走完也不后悔。

请摒弃多余的网络社交

最近几天，我退了很多微信群。不知从何时开始，我发现自己的生活越来越碎片化，手机不是麦克卢汉口中的人体的延伸，着实成了身体的一部分。

我是因为做网络思政教育和大家相识的，但是新的一年，我却想和所有人呼吁：请摒弃多余的网络社交。

前几天一个学生和我探讨，他非常喜欢刷微信，但是越刷越焦虑，因为发现同学们都过得特别开心，旅游、品尝美食，还有各种获奖，而自己就特别苦逼。是的，多余的网络社交容易造成“个体焦虑”。

我和学生分享了新媒体社交中的“表演化生存”的概念——人们习惯于在网络上进行“自我塑造”，通过各种方式塑造理想中的“自我”；与此同时，互联网中的呈现“只有结果，没有过程”，这往往会强化个人的“获得”，例如旅游的美景中过滤了漫长的奔波，获奖证后过滤了努力的场景。

而为什么同学们的晒图会让我们感到焦虑或者不安呢？是因为互联网拉近了大家之间的空间距离，朋友圈使用户处在一个广泛的社会比较的环境中。德国洪堡大学就做过的一个调查发现，“脸书”（即社交网站 Facebook）引发的嫉妒心理十分普遍。研究人员甚至发现，大多数人在浏览脸书页面后感觉心情更加糟糕，对生活更加不满，尤其是那些只浏览却没有上传任何信息的人，受到的影响更深。

多余的网络社交，除了容易引发个体的焦虑外，还有两点不能忽视，一是容易形成“信息茧房”，二是容易浪费时间。

因为工作的关系，我的好友大部分是辅导员和学生，我渐渐发现自己交际圈越来越狭窄。举一个例子，如果我的辅导员朋友发了一篇很火的博文，我的朋友圈常常会被刷屏，但是当我和非辅导员领域的朋友谈起此篇文章时，他们会感到一头雾水。其实这是传播学中“信息茧房”的现象，就是指人们的信息领域会习惯性地被自己的兴趣或者交际圈影响，从而将自己的生活桎梏于像蚕茧一般的狭窄的信息领域中的现象。

浪费时间其实不难理解。互联网的交流其实和生活中的“唠嗑”相似，只是多了打字的环节。在聊天时，我们会发现时间在不知不觉中流逝。我们常常会在微信或者微博浏览一些文章，自我安慰这也是一种学习，但是这些碎片化的阅读对自我的深层思维并无裨益。

刷微博、用微信、上抖音，我们沉迷于网络的虚拟世界不可自拔，但是，网络的世界是真实的世界吗？

在《理想国》中，柏拉图曾经描写过一个“洞穴寓言”：一个地下洞穴中有一群囚徒，他们身后有一堆火把，在囚徒与火把之间是被操纵的木偶。因为囚徒们的身体被捆绑着（不能转身），所以他们只能看见木偶被火光投射在前面墙上的影子。因此，洞穴中的囚徒们确信这些影子就是一切，此外什么也没有。疯狂迷恋网络世界的我们和洞穴中的囚徒有何不同呢？网络中的世界就如囚徒眼中的“墙上的影子”。

当然，我们处于一个新媒体时代，我并不是在建议大家告别互联网，回归“无网”生活，而是可以尝试摒弃多余的网络社交。

1845年，梭罗离开喧嚣的城市，独自来到瓦尔登湖边，生活了两年零两个月。现在的我们很难像他一样，进行纯粹的告别，但是我们可以尝试每天用两个小时告别互联网，每天两个小时。

新的一年，“娘亲”仍然会在网络上陪伴大家，但是我更希望：如果你在交大，请你尽量抽出时间，我们约见面谈。如果你不在交大，我会一如既往地回复网络上你的问题。

只是，希望大家能够每天给自己一点时间放空，离开网络，回到现实的生活中。

寝室是吞噬你的“黑洞”

收到同学小木的私信：“娘亲，开学前几个月我都宅在寝室，看剧，叫外卖，后来发现自己太堕落了，就尝试走出寝室，整个人精神了很多，感觉寝室就是吞噬我的黑洞。”

近期，和大一年级同学进行一对一交流后，对“寝室就是吞噬你的黑洞”这句话越发有感触，如果加上“学习”两字就更加恰当了。因为大多数同学都反映，在寝室学习，效率低下。

其实，这是毋庸置疑的。寝室的属性更多是生活的场所，是大家娱乐、休闲的地方，在寝室学习很难不受旁人的影响。室友“吃鸡”了，保不齐让他加你一个；室友看剧了，难免瞄几眼；室友聊天了，总会插上几句……即使是一个人在宿舍，也会想着躲进被窝“躺着”，毕竟坐着不如躺着嘛。

寝室总是充满着慵懒的气息，而人本是惰性的，在寝室的环境下，我们往往不会想着去学习，想着去跳出大脑的舒适圈。可进步最好的方式，却是跳出自己的舒适圈。或许有人会说，室友都不去图书馆，我一个人就不想去。但是到了大学，我们要适应一个人学习，一个人吃饭，一个人锻炼。一个人的时候，我们会花更多的时间去思考自我，也许这看起来很孤独，但这点孤独，我们必须去适应，因为走在前列的人，本就只占少数。

宅在寝室很舒服，但寝室会让人"发霉"。希望同学们能够勇敢走出寝室，原先你以为的大学只有寝室般大小；当你走出寝室后，你会发现大学的舞台可以那么大，可以认识很多新的朋友，进行很多新的尝试，收获很多新的体验。

那么，走出寝室，走向哪里呢？

第一，当然是图书馆和自习教室。它们是最适合学习的场所，可以做作业、看书、预习和复习。如果想进行小组讨论，也可以借一个讨论室，图书馆的学习氛围会让大家更加自觉地学习。

第二，社团等各类学生组织。参加这些组织，不仅能够结交朋友，而且能够锻炼能力，事后回想起和小伙伴们一起突破自己、不断奋斗的经历，是那么美妙。

第三，操场和健身房。与其在寝室长膘，不如出门运动。游泳、夜跑、羽毛球……即使找不到一起运动的小伙伴，也可以选择一个人慢跑，再也找不到比学校更安全和宁静的运动场所了。

就像小木说的，当他走出寝室，走进图书馆学习，或者去参加社团活动和体育活动时，一般作业都能提前写好，还能适当预习复习，社团的事也能办，但是之前在寝室学习时候，基本都是赶在最后一天匆忙完成。

所以，请大胆和寝室说再见吧，一个崭新的大学正在等着你!

不要为了所谓的合群而随波逐流

“娘亲，室友喜欢打游戏，我有必要迎合吗？”这看似有点“幼稚”的问题却每天困扰着很多同学。

进大学以来，你还保持着自习的习惯，可是你的同学们每天吃饭聚会不断，让你很不安，觉得自己不合群。班里的其他同学都踩着点进教室，让习惯早到的你深度怀疑自己是不是走错了教室。室友四个人，其他三个每天“吃鸡”到很晚，让捧着书的你成了异类。

……

你有时候会孤独，甚至觉得自己有点另类，尤其到了晚上，你 11 点上床睡觉，可是室友还在那里火热地打“网游”。你想，或许我应该跟他们一样？

2012 年，当小 Z 刚进交大校园时，和所有懵懂的大一同学一样，她也不知道自己该干嘛。同学们进社团，她也进社团，女生们聚会，她一起参与，她喜欢和同学们抱团，因为没有人希望落单。

改变，来自大一学年末的那个五月。她加入了学校的投行咨询协会，决定成为一名咨询师。就像很多人都会在毕业之前，列出“毕业前必做的事”那样，大一结束时她下定决心列出了自己成为顾问必做的“*n* 件事”，追梦的旅程于是开始了。

大二上学期，她一口气选了四门选修课。每天晚上八点半下课，再回到宿舍写作业和实验报告。她的课程计划已经和绝大多数同学不一样了。大二升大三的暑期，她去了美国名校交流。大三上学期，课开始少了起来，她通过努力找到了仰慕已久的实习工作。

大学几年，她的行动轨迹和同学们的似乎大不相同。有时也会成为别人议论的对象。直到大四，她成功拿到了不到十个的顶级咨询公司贝恩的“offer”。有个同学给她所写的文章留言道：大学时，总觉得小 Z 有点格格不入，不和大家一起玩，原来她有着这么明确的目标和强大的内心，真的很佩服。

是的，为什么要为了所谓的合群而随波逐流呢？

迟到、旷课、通宵……如果所谓的合群就是喝酒打游戏，追剧聊八卦，这样的合群，只是在浪费时间。暂时的孤独感虽然可怕，但是比这更可怕的是为了消解孤独感而选择盲从。

我们常说，大学要“断奶”，大学需要独立。这里所说的“独立”，不仅仅是生活自理，更是一种独立思考的能力，知道自己想要什么，并且付诸实践，身体力行。

心理学上有一种从“战略性亏损”到“战略性孤独”的说法，就是指为了摆脱原先那个不思进取的小团体，刻意让自己去承受一段孤独的时光，然后在这段孤独的时光里，不断地充实自己，为未来进一步升级自己的朋友圈做好原始积累。任何时候，请尝试做那个强大的自己，有努力的目标，有充实的内心，当然，更应该有坚定的行动！

“好好活着就用尽了全部力气”

2021年在我们的期待和担忧中就这么不知不觉地来了，在和朋友们聚会的过程中，大家谈到的一个话题令我印象深刻，久久不能忘却。

一个朋友说：“2020年里坏消息太多了，不单单是疫情，还有压力，大学生的压力、研究生的压力、工作者的压力……让人惋惜的新闻数都数不清。”

是啊，社会快速的发展、长辈给予的期待、自己奋斗的压力，让越来越多的年轻人患上了心理疾病，也让“抑郁症”一词频繁地出现在我们的视野里。

这几天重新翻看之前的周记，看到一篇《我知道很难，但请别放弃》，突然觉得很压抑，好像家长、老师以及社会在激励同学们前进的时候忽略了更重要的问题，那就是心理健康。

所以，今天这一篇周记，我们不谈努力，不谈学习，不谈成绩，和同学们谈一谈长时间以来被忽略的一个问题——抑郁症。

“早上计划满满，晚上就想立遗书。”北京大学心理学博士李松蔚曾表示，“大学生抑郁症发病率逐年攀升”。

目前，世界范围内预计有超过3亿人饱受抑郁症的困扰，全球平均发病率在4.4%左右[①]。在中国，抑郁症的终身患病率为6.9%，12个月患病率为3.6%[②]。根据这个数据估算，到目前为止，中国有超过9500万的抑郁症患者。中国青年报也在微博上发起针对大学生抑郁症的调查，在超过30万人次的投票中，超两成大学生认为自己存在严重的抑郁倾向。

这一个个触目惊心的数字背后反映出的问题看似离我们很遥远，实而就在我们身边。

而这些心理问题的产生大多源于自我要求过高、旁人给

---

① World Health Organization, Depression and other common mental disorders. [R/OL].(2017-02)[2021-05-01] http://apps.who.int/iris/bitstream/handle/10665/254610/WHO-MSD-MER-2017.2-eng.pdf?sequence=1.

② HUANG Yueqin, WANG Yu, WANG Hong, et al. Prevalance of mental disorders in China: a cross sectional epidemiological study [J/OL].The Lancet: Psychiatry, 2019, 6(3): 211-224 [2019-02-18]. https://doi.org/10.1016/S2215-0366(18)30511-X.

予过度期待以及达不到目标的悲观情绪。

一方面是成长环境的影响，使一些人形成了过低的自我评价，总是觉得自己不够好。

另一方面是学业、工作等方面的压力，使得“不够好”的想法更加根深蒂固。

我们尤其需要关注大学生抑郁症发病率逐年攀升的问题。其中，大学一年级和大学三年级是抑郁症的高发期。大一的学生要从依赖阶段走向独立阶段，探索自己要走向何方，可能会迷茫、会困惑。大三要面对人生的重新选择，学生有可能后悔专业选得不对，或者担心以后的读研和工作，焦虑变多，自我怀疑也更多。

有个抑郁症患者这样描述他的状况，“就像陷入了一个黑洞，那里面强大的引力在不停地把我往里吸，我挣扎着，眼前却总是一片黑暗”。

关于抑郁症，误解居多。

“至于吗？积极乐观点不就好了。”

“别想那么多就没事了，想得太多才会这样。”

“有那么严重吗，谁还没点悲观情绪了。”

类似这样的评论在网上数不胜数。

抑郁症是一种病，是一种不良情绪，不是性格问题，也不是矫情。抑郁症与性格是否软弱没有必然联系，就跟感冒等疾病一样，抑郁症是一场“心理感冒”。

很多患有抑郁症状的人自觉“脑子好像是生了锈的机器”“脑子像涂了一层糨糊一样”。轻者心境低落，抑郁悲观，闷闷不乐，无愉快感，兴趣减退。重者痛不欲生，悲观绝望，度日如年。消极悲观的思想及自责自罪、缺乏自信心甚至会让人萌发绝望的念头。有人会认为结束自己的生命是“一种解脱”，认为自己活在世上是“多余的人”，并会使自杀企图发展成自杀行为。

希望大家可以对周围的人多一份关爱，对身边的人多一份关心，少一些苛责。

如果你正在承受最艰难的时刻，希望你可以通过宣泄、转移、充实日常生活等方式，从改变自己的生活状态开始，将内心不良的情绪体验表达出来。减轻情绪反应的强度，缩短情绪体验的时间，记得朋友、老师、同学都在你这边，学会寻求帮助。如果这还不够，请一定要寻求心理老师的帮助，心理老师会帮助你调整认知，必要的时候可能还需要服用药物。

无论怎样，都请一如既往地努力、勇敢、充满希望，要相信人生总会有不期而遇的温暖和生生不息的希望。“我知道很难，但是请别放弃”。

如果普通一些，会不会快乐一点？

这周有两个人问我这个问题：“如果不是来了交大，会不会快乐一点呢？”

一位是这学期入职交大的青年教师，他说来到交大后感觉就是被催着前进，各种指标、各种数据、各种考核，感觉自己就是工作的“工具人”。还有一位是低年级的学生，他说每天有做不完的作业，赶不完的“Deadline”，背不完的“锅”，感觉自己就是学习的“工具人”。

今天刷水源社区时又看到了一水友的相似的留言：

好难过，科研没有进展

被导师喷，自己也无能为力

文献调研做不好，什么都不想做

有一门课还没好好学转眼间下个月就要期末考试了，还

有一堆东西要等着我去学

基础不扎实，没有人帮，只能自己慢慢熬

真的有些煎熬啊，有的时候回想，到底当初自己的选择是不是对的

如果不是来了交大，而是去其他的学校，会不会稍微轻松一点，快乐一点呢

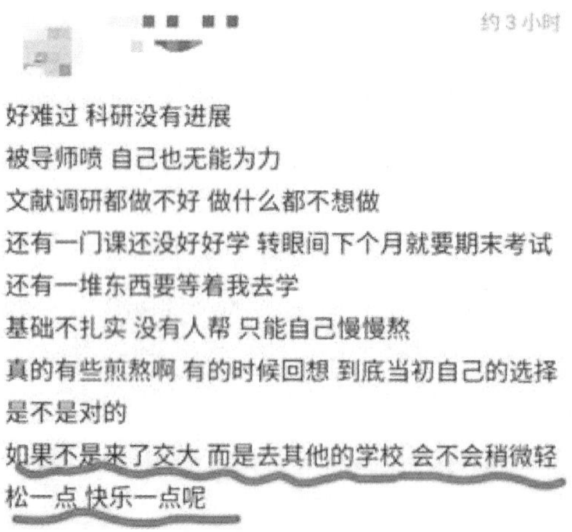

面对教师和学生的提问，我的回复是：你们更多的不是觉得不快乐，而是觉得累，觉得压力大。而这种累和压力是因为你们在走上坡路。

这种累和压力一方面源自客观因素：这几年交大发展太快了，单就软科的排名而言，五年间进步巨大。2016—2018 年，交大在软科世界大学学术排名中均列 101—150 名；2019 年就跻身前 100 名，位列 82 名；2020 年再度进步 19 名，位列 63 名。

学校的快速发展背后是一大帮师生的奔跑前行，师生的跑步前行推动学校的进步，学校的进步则进一步推动师生的发展。

更多地，压力源于主观因素。

无论是青年教师还是学生，在之前的学业生涯中都是佼佼者，没有经历过太多的挫折。但是到了交大，之前的光环"不复存在"，身边都是优秀的同伴，更需要重新努力拼搏来证明自己，但是这个过程是非常艰难的。此外，还有各家媒体渲染的各种因素，如教师群体中的"70 后院士""80 后杰青"，学生群体中的"五项全能""专业第一"等等，一定程度上加剧了焦虑的程度。

以上种种，是交大人太冷漠吗？是交大人不懂温暖吗？

不是的。

只是急速的前进步伐迫使我们每个人只顾向前奔跑，却忘记了看身边的风景。

或许，在我们努力前行的时候，可以适当停下脚步。

在闵行校区的马路上，偶遇的晚霞

一方面学会接受自己。不让自己在前行时迷失方向，善待自己。这个“自己”不仅仅是成功的自己，也可以是平凡的自己，失败的自己。

一方面学会善待他人。不要把身边朋友变成“竞争者”。工作只是工作，并不是生活的全部，要用更加包容的态度接纳身边的人。

这几天气温骤降，上海的冬天真的来临了。

水源社区上有一个帖子说：

冬天了，有人关心学校的猫冷不冷，却没有人关心你冷不冷。

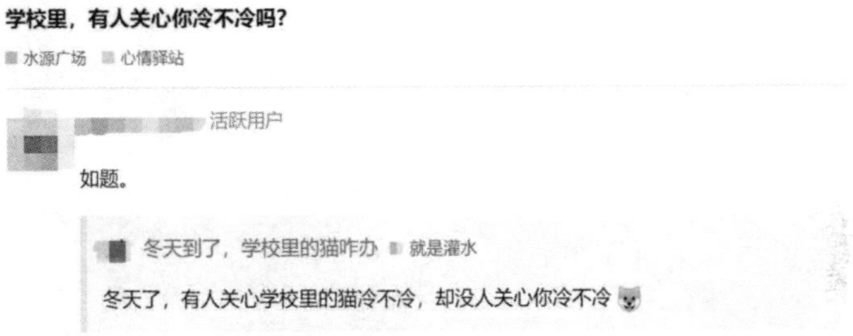

昨天给学生上课时，我的第一句话是：同学们多穿点衣服，别感冒了。

或许爱帅爱美的同学们还是选择美丽“冻”人，但我希望在交大，在大家关心同学们学得好不好的时候，会有人关心他们学得累不累，会有人关心他们冬天冷不冷。

共同进步，珍藏爱与被爱的欣喜

我们应该把人生活成纵坐标，为每一次的进步欢喜，为每一次的突破喝彩，也为每一次的退步反思，为每一次的气馁总结，毕竟对每个人来说，我们的对手只有我们自己。

大学真的容易脱单吗？

每年的毕业季，都预示着大学即将迎来一批小萌新。他们对大学生活无限憧憬，充满着好奇。

微博上有一个话题：你最想问大学生的问题是什么？

看到排在第一的热评是“大学真的很容易脱单吗”。我微笑点点头，表示： 意料之中，情理之内。试问有几个人不想在大学谈一场甜甜的恋爱呢？不过当代大学生的普遍现状却是：脱发容易脱单难。

于是自带“母胎 solo”属性（即从来没有谈过恋爱）的大学生们，想问天问大地，或是迷信问问宿命：“男 / 女朋友到底哪里包分配？”

让我们一起来冷静探讨一下，影响你脱单的原因都有什么。

时间问题

同学们做的调查显示，大一学年，可谓最容易脱单的一个学年。刚入学的新生对爱情抱有美好的幻想，青涩单纯，比较容易被感动或者感动别人，相信只要一方大胆一点表白，两人互相不讨厌对方的话，就很容易脱单了。不过大一同学才刚刚告别紧张的高中生活，对大学生活还满怀新鲜感和好奇心，很多人会选择“再发展发展”“再等一等”“再考虑考虑”，这样一来，犹豫之后也就错过了“最佳”脱单时机。

大二时大多数同学忙于社团活动和学业，在两者之间来回穿梭，有时候连吃饭的时间都没有，就更别提甜甜的恋爱了。

顺利升入大三以后，要紧锣密鼓地准备考证、学习、规划未来，繁忙的大三学生恐怕难以抽出足够的闲暇时间来期待脱单了。

好不容易到了大四，找到实习的同学忙着实习，找不到实习的同学忙着找实习，决定考研的专心考研，除此之外还有答辩、写论文、弄档案……一大堆的事情，谁还有心思去找对象啊！

看吧，这样一分析，是不是觉得“条条有理，逻辑没毛病”呢？等到毕业时才会无奈感叹：时间真的不等人啊！

专业问题

每年“最难脱单专业排名”这一话题都会“光荣”登上微博、知乎等的热搜榜。

很多专业男女比例不均衡，更有甚者班里连一位异性都没有，这也直接造成了没有办法广拓异性朋友圈的直接后果。

比如语言专业，“娘亲”公众号的一个小编，班里一共30位同学，男女比例2 ∶ 28，你肯定以为这已经很悲惨了吧，不，还有更悲惨的，这两位异性同学上大学时就已经有了女朋友……还能说什么？只能露出尴尬而不失礼貌的微笑。

又比如医学专业，学医的人很多，男女比例也不算差的离谱，但是经常会听到医学生吐槽“哪里有时间去谈恋爱？分分钟一套蓝色生死恋扔过来让你背一下”。

再比如理科专业，学物理、数学、化学的都是学霸，常言道“数学物理不分家，物理棒的数学也不会差”，看他们一头扎进实验室研究声光热力电磁天体等等一堆看不懂的东西时，浑身上下都仿佛闪烁着科学的光辉，唯一的遗憾恐怕就是数理化不讨女生喜欢了吧。

还有很多专业也同样如此，看吧，交友不易，脱单更难！

脱单小贴士

认识新朋友的第一步，就是摆正心态，要有一颗想交朋友的心。想认识新朋友，就要主动。觉得躺在家里刷剧看漫画玩游戏更舒服？一边抱怨自己找不到喜欢的人，一边日常性“死宅”，这样下去，你遇到喜欢的人的概率基本为……0。所以为了更大的世界，更好的人，走出自己的小圈子，或者把自己的小圈子努力拓宽扩大吧。

想脱单很正常，但是不要从一开始就抱着“我就是来找对象，无关人等请走开”的心态去交朋友。看到过很多人，还没有了解，只是认为对方对我不关心、性格不是我的菜、和我没有共同点等，就立马主动拉远跟人家的距离，断绝一切可能性。其实认真了解下去说不定对方人格魅力强，或者有跟你合得来的朋友可以介绍给你呢，正所谓买卖不成仁义在嘛。在社交场合，不要摆着一副“生人勿近”的脸色，即使你特别内向，不善交际，做一个很好的倾听者也很容易让人产生好感哦。

闲暇时间多读书、多看报，充实自己，拒绝做空架子。有空也可以囤点段子，能给大家带来快乐的人，更易融入团体。

不过，话说回来，谁说大学一定要脱单呢？一个人如果很充实很快乐，不也很潇洒吗？

只是当时他正好寂寞，而我刚好闲

小西最近很苦恼，因为前几个月她接受了一个男生的告白，但是自己并不喜欢他。

我问："既然不喜欢，那为什么答应呢？"

小西不好意思地说："因为到大学挺寂寞的，室友这个学期又都脱单了，我一个人孤零零的，然后小东追求我了。当时他正好寂寞，而我刚好闲。我索性就答应了。但是接受后，我就后悔了。"

我问她是否尝试过培养感情。小西说自己试过，但就跟小东不来电。小西问我应该怎么办，是否应该跟小东说明情况。

和小西的交流过程中，我已经感觉出她是会和小东说明情况的，但就是过不了心里这道坎，觉得自己当初太冲动了，用她自己的话来说就是太"渣"了。

到大学工作后，见过很多小男生小女生，对爱情懵懵懂懂，幸福甜蜜有之，后悔懊恼亦不在少数。我和大家讲过很多甜蜜的爱情故事，这些故事更多是一种细水长流的美好。

这周，我到外地参加 2012 年带的第一个班级里的两个学生的婚礼，他们是交大 2011 级的同班同学，大一时两个人没有多少交集。大二时，有一次男生不小心拐到了脚，女孩子出于好心，帮忙一起照顾。带饭，补习作业，不知不觉中两人就有了好感，在一起了。之后的大学时光里两人一起努力，双双直博，现在博士三年级，还办了婚宴。虽然两人都是普通家庭，在上海“安居乐业”还有一个漫长的过程，但是非常幸福，因为他们相互了解，相互吸引，互相承诺“执子之手，与之偕老”。

人们常说冲动是魔鬼。不管如何寂寞和无聊，都不要冲动地开启一段恋情，不然受伤害的只有双方。

那么如何判断是否是真的动心，不做出小西一样盲目的决定呢？

我们不妨来看看美国心理学家斯腾伯格提出的爱情理论，做一个参照。

斯腾伯格认为爱情由三个基本成分组成：激情、亲密和承诺；三者缺一不可。

激情是一种强烈地渴望跟对方在一起的状态。通俗地说，就是见了对方，会有一种怦然心动的感觉，和对方相处，有一种兴奋的体验。亲密，是两人之间感觉亲近，是一种温馨的体验。简单说来，就是能够给人带来一种温暖的感觉的体验。承诺由两方面组成，短期的和长期的。短期承诺就是要做出爱不爱一个人的决定。长期承诺则是维护这一爱情关系的承诺，包括对爱情的忠诚、责任心，是一种患难与共、至死不渝的承诺。

所以，任何时候都不要盲动冲动，如果让自己心动的人来了，认真接受；如果那个人还没到，就继续等待。切不可因为对方正好寂寞，而你刚好闲，就开启一段盲目的恋情，不然只会空留懊恼。

谈恋爱影响学习，我该分手吗？

很多大学生都期待在大学期间能够邂逅一场浪漫的爱情，殊不知恋爱也有恋爱的烦恼，尤其对于学霸而言。“娘亲”就收到一个交大男生小勇的私信求助：

娘亲，有一个问题困扰我很久，就是情感和学业的矛盾问题。我女友特别喜欢黏着我，但是在一起学习效率就很低。尤其是自习，她会一直问我问题，然后我们就会浪费很多时间说说笑笑，一天下来只能学一点点知识。我觉得还是自己一个人待着更加专心，一直想提分开，但又舍不得，好纠结啊。

说实话，收到男生的私信，就觉得他很可爱，是一个懵懂的男生。也得知了他们都是初恋，谈了将近半年了，男生喜欢女生，女生也对他有好感，后来就不知不觉在一起了。

关于他的困惑，我问了小勇几个问题。分别是：

不谈恋爱之前，自己的学习效率高吗？

问问自己真的喜欢这个女孩子吗？

试过跟女生谈谈学习的情况吗？

如果将来小勇成家立业了，如何处理家庭、工作、学习的关系？

我和小勇说，问题不急着回答，可以过段时间再来联系我。半个月后，小勇又给我发来了私信：

娘亲，我真的很喜欢她，不是她的问题，我觉得自己有点自私，说到底是自己时间安排的问题，我单身时候学习效率也不高。现在我俩已经说好每天都要留出自己的空间，不让对方占据自己生活的全部，也不能因为恋爱影响学习，现在我俩都在慢慢调整适应中。

看到小勇的回复，我很开心。他和女友都明白要合理处理恋爱和学习的关系，不能因为谈恋爱影响学习。

“好”的爱情可以让双方共同进步，共同成长。我经常会跟学生说，关于大学时期的爱情的回忆，应该是充实、美好的，例如有过共同奋斗的经历、一起前行的努力。

小勇的困惑，也不是个案。对于大学的男孩女孩们，刚刚脱单时，往往会比较兴奋，想着无时无刻“黏”在一起，时光好像静止了一般。

这种甜蜜期可以理解，但是不能无限制延长。

即使恋爱了，也要有自己的奋斗目标，有自己的交际圈，有自己的生活，任何时候都不能让爱情成为自己的全部。

点赞清华女孩的同时，也请为交大男孩喝彩！

一天晚上在看《人民日报》刊载的清华大学毕业典礼发言人“寒门女孩”的故事时，我收到了大四毕业生小辉的“离校告别微信”。

他是我到物理与天文学院带的第一届学生。四年，很长也很短，往事历历在目。

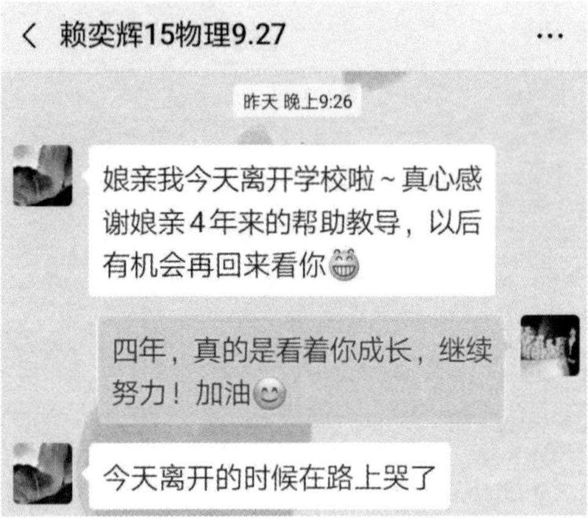

和清华女孩一样，他也来自贫困家庭，来自当时的国家贫困县江西瑞金，父亲是烧电焊的工人，母亲在家附近的鞋厂打零工。得益于国家的贫困专项计划，2015 年，他以瑞金市第二名的成绩考入了交大。

2015 年到大学报到是他人生第一次出远门，之前他去过最远的地方就是江西省会南昌。

刚进大学的小辉特别不自信。因为是贫困专项生，小辉总觉得自己比其他同学们要“弱”，无论是生活还是学习。参加社团活动时，很多大城市同学能说会道，侃侃而言，而自己连和陌生人打交道都有点困难。还有英语学习，上课时还没听懂老师讲些什么的时候，别的同学已经用英语在和老师流利交流了。

虽然不自信，但小辉并不自卑，虽然家里条件不好，但是父母从小到大都很爱他，虽然基础差，但他相信只要有韧性，肯努力，一定能够慢慢赶上。

所以，从大一开始，他学习就特别用功，几乎所有时间都花在学习上。大一期中考试的时候，他考了班级中等水平，这给了他很大的信心，他发现自己原来也并不是那么差。于是，后来他越加用心。大一学年结束，直到大学毕业，他的成绩就一直保持着专业第一，同学们也戏称他为学神，这么一叫就叫了四年。

因为家里条件很差，还有一个上学的妹妹，从一入大学，他就告诉自己，不能给家里增添一丝负担，学习之余，他尽可能勤工助学。第一年他算了一笔账，每年国家贫困补助以及不同额度的奖学金可以解决学杂费，但是生活费需要自己赚取，他通过图书馆的馆员值班、学院助管以及一些零散的助学机会赚取了自己的吃饭费用。印象很深的是，大一时他去献了一次血，后来发现还有500元的补助，他特别开心，一个月的伙食费又有了着落。

成绩虽然上来了，衣食住行的问题也解决了，但是在人际交往方面他的自信心还是不足。尤其是人一多，就特容易紧张，为了锻炼自己的能力，他强迫自己加入学生会、社团，督促自己跟更多的同学交流，珍惜每一次在公共场合讲话的机会。小辉最开心的就是参加科普志愿者活动，在这些活动中，一方面能够锻炼自己，另外一方面还能进行科普宣传，四年来，他参加过的科普志愿活动不计其数。

到了大三，要面临着未来的选择问题，公派的牛津大学

哈福特学院交流项目和在意大利国家核物理研究所的科研经历让他坚定了毕业方向——继续求学，做一名“粒子物理”方面的科学家，为突破人类的科学边界而求索。

这也意味着未来的五年甚至更多的时间，他将依然是一个“穷学生”，还是不能反哺家庭，这个决定得到了爸妈一如既往的支持。

但是，此刻英语是摆在面前的最大瓶颈，加之家庭的因素，他只有申请到全额奖学金才能继续深造。那段时间的小辉用“头悬梁，锥刺股”来形容也不为过。托福考了6次，他终于考出了让自己满意的成绩——105分。三好学生、优秀学生干部、上海市优秀毕业生、美国马里兰大学的物理学直博全额奖学金，小辉的大学没有让自己失望。

大四快结束的时候，小辉算了一笔账，四年来，光奖学金就拿了 32500 元，所以，上交大后他惊喜地发现银行卡里的钱是越来越多的，后来考托福、GRE（美国研究生入学考试）以及申请的费用都是来源于此。而他还有一件内心一直想做的事，就是用自己攒的钱，邀请家人一起来参加毕业典礼。

作为全校优异本科毕业论文获得者，他将会在交大 4000 多人的毕业典礼上台领奖，他想让爸妈一起来看看，分享这份喜悦。

但是，小辉突然发现，爸妈虽然高兴，但是比他想得要更冷静。毕业典礼结束后，爸爸跟小辉讲了很多关于马里兰的事情，包括学校位置、安全注意事项之类的。小辉表面不露声色，内心一直想流泪。因为父亲平时手机都不怎么会用，搜集到这些信息他不知道做了多少功课。

离开交大校门那刻，小辉强忍了很久的眼泪还是掉了下来，交大四年，他经历的实在太多了。

不知道为什么，他脑海里浮现起刚进交大时的第一课，那堂全体交大新生一起上的大课，主题是：选择了交大，就是选择了责任。未来的科研道路上，还有多少困难他不清楚，但是他相信，这份责任感会始终伴随他前行。

原来我也可以逆袭

有位交大的研究生同学投了这篇稿件，记录了他的个人经历，和大家一起分享。

同学的自述

我的成长经历有点复杂，是这个时代背景下某一类人的缩影。

我出生于湖北大别山地区的一个农村家庭，虽然家乡距省会武汉只有100公里，可是却非常贫困，二、三产业甚少。在这种丘陵地区，无法实现农业大面积机械化耕种，靠勤耕苦作，守着那一亩三分地，只能维持基本生活所需。去城市务工成了大多数人的选择，而我的父母也与他们的同龄人一样，在我两岁的时候，把我一同带到了武汉。

生活虽举步维艰，父母却让我在武汉顺利完成了小学、初中、高中的学业，着实不易，着实伟大。

小学就读的是一所很差的学校，我的同班同学，大部分与我一样，都是因为交不起好学校昂贵的借读费才来这儿的，基本都是农民工子女。他们中有湖南人，父母在武汉开湖南米粉店；有河南人，父母在武汉当包工头；也有四川人，每次我都会去他家的摊位买菜……我也是从小就学会了说几省的方言。

这六年的时间我过得很轻松，没有补课，没有培优班，也没学英语。

但我与这些同学不同，我对数学有着浓厚的兴趣，除了与他们疯闹之外，我还会自己在家做竞赛题。六年级时我参加了我后来的初中母校的招生选拔考试，刚好那次考试数学试题很难，而我在所有学生中考了数学的最高分和英语的最低分（几乎0分）。

我很幸运地进入了这所初中，还因为被一个老师认定为“有潜力”，而被分进了最好的班级，而我的班主任，是武汉市的英语教学名师及百佳班主任。

我是从这个时候开始好好学习，并开始学英语的。这三年时间，应该是我的蜕变期。我从入学考试的班级倒数第二逐步提升，到初三之后甚至一直稳居前五，考进了武汉市最好的高中之一。

高中这三年，我一度陷入了深深的自卑，因为我是全班唯一的一个农村户口，被学校认定为“贫困生”，免去一切费用。每个月的班费，我不用交；每学期的学费，我也不用交；春、秋游的费用，也省了。每次生活委员在班上收钱的时候，就是我心如刀割的时候。

同学问我：“你们家是不是校董，怎么你什么费用都不需要交？”

我当时真不知道如何回答，脸涨得通红。

当同学们谈论名车、名表、名牌的时候，我一句话都插不上来，不合群；当同学们玩着手机、游戏机、平板电脑、谈论游戏的时候，我感觉自己是局外人，因为直到高中毕业，我才拥有第一部手机。

为了加强家校互动，学校每天的最后一节晚自习是由班上同学的家长来监督的，当我那常年做家政、操劳辛苦、脸上布满皱纹的妈妈出现在班上的时候，我感觉自己永远在我喜欢的女生面前抬不起头，因为我觉得我家好穷……

当时的我，幼稚，虚荣，对待很多事情格外的敏感，一度让自己陷入苦闷。

其实我现在回想起这些往事，会觉得当时真是大可不必，没人会在意我的事。我当初那些不愉快，也是自找的。把自己的心放宽一些，生活也会美妙很多。

可是高中的我不懂这些，心态失衡，对考上好学校的期望太强烈，导致适得其反，考前彻夜难眠、发挥失常，以至于考上了一所我读高中时从未听说过的大学——我后来的母校：一所在湖南的高校。

湖北的好大学很多，除了武大、华科，还有好几所“211”，我当时觉得自己最差也能留在武汉读武大或者华科。当看到往日成绩不如自己的同学都能进这两所学校的时候，我实在无法接受自己只能在武汉读个“211”的现实，一气之下去了外省读书。

如果说高中三年，我经历了学习的蜕变，那本科的时光，我则经历了心态和认知上的转变。

首先是来到外地读书，成长至今，首次离开父母，独立生活。

人只有在独立面对很多困难之后，才会感受到在父母身边的那种幸福。高中时，我还会抱怨自己的父母不如别人的父母有本事，虚荣攀比。

可是在大学的这个环境里，我的这种抱怨消失了。

因为大学的圈子比高中班级大了很多，人的思维不会一直陷入钻牛角尖式的死循环。另外，通过与很多同学的接触，我发现自己真是比上不足比下有余，条件比我差的多的是。

人不能总是往上看，有时还得看看自己来时的路，我能走到这一步，很大程度也归功于父母对我的支持。我应该知足感恩。我也是从这个时候，开始感悟到了父母的艰辛。

其次是在大学里会经历很多有趣的人与事。老乡会、社团、社会实践、“百里毅行”、班级活动、实习都丰富了我的阅历，走遍湘资沅澧、三湘四水，人的视野开阔之后，眼中的风景就不同了。

本科期间，通过勤工俭学与家教，我也赚了一点小钱。虽说不多，但也是一种经历，对“钱难赚，屎难吃”这句俗语的理解更深了，也更不敢浪费了。

在聚餐、农家乐活动中，我踊跃参与做饭，当看到同学们大快朵颐时，自己内心很满足，而我也是因为从小父母忙碌，经常要在家做好饭菜等着父母回来吃才锻炼出这种本领。

人在成长的过程中，是需要有一个精神榜样做支撑的。

有幸的是，我在这个年纪来到了长沙，这里有青年毛泽东驻足过的橘子洲、岳麓山。

毛爷爷就是我心中的榜样。他“身无分文，心忧天下”，在那样一个军阀割据、列强入侵、大多数同胞看不到曙光的年代，作出了“恰同学少年，风华正茂”的诗句。而我生活在这么一个幸福安宁的时代，最需要做的就是珍惜来之不易的学习机会，发奋学习，不要去抱怨，更不能沉沦。

学习是快乐的，好好学习是能让人收获幸福的。最让我难以忘怀的，还是本科四年的学习经历。

我学的是一个传统工科行业，将来不管是工作环境还是科研环境都会比较艰苦，学这个专业的大多都是家庭条件普通的同学，大家深信知识改变命运的道理。也是从那时起，我就暗下决心，这辈子就执着于这一行了。

人只有喜欢一个专业，才会有动力去认真学。

大二一开始，我有幸通过学院的选拔进入了全院最好的班级，这个班毕业的学长学姐们大部分都进入了清华、同济、浙大等本专业领域顶尖的学校继续深造。浓厚的学习气氛、历届学长学姐们的帮助、优良的传统，让我这几年过得充实且愉快。同学们之间相互开玩笑说，大家是把自习室当成学区房了，我几乎每天都自习到十点以后再回宿舍。

除了课程学习以外，我还参加了自己感兴趣的竞赛，申请并完成了科研创新项目，获得了多项奖学金与竞赛荣誉，并成功推免保送到上海交通大学。

越努力，越幸运。作为学生，在本科阶段，最重要的事情就是立足自己的专业，好好学习，保持对专业的热爱，保持对知识的渴望。

读研究生时，每每看到很多同学抱怨学业压力大、毕业难时，我都在心中暗想，学习的机会真是来之不易啊。

你所抱怨的，可能是千千万万的同龄人梦寐以求却得不到、考不上、没机会争取的，珍惜这个宝贵的求学机会吧。

懂得感恩，永不忘本。不管是在本科学校还是在交大，我都获得了助学金的支持，也靠自己的努力，拿到了奖学金。我十分感激学校的培育与老师的指导，因为我知道，在中国，有的同龄人或是一辈子无法走出大山，或是很小的时候就辍学打工。尤其是在中国的一些山区，一些贫困家庭的子女都无法上学，小小年纪就去外地打工，即使读书，也由于教学条件很差，很难考上好大学。

每每想到这些，我就无比感激父母。他们克服万难，让我在武汉读书，而且还很重视对我的教育，也万分感恩每一位老师，如春风化雨般教导我。我的那些小学同学，大部分与我相似，都是外来务工人员的子女，可是他们却没能考上好大学。我能成为今天的我，全靠父母与老师们的教导。

立足当下，自强不息。希望我的经历能给大家一些共鸣，祝每位同学都能找到自己热爱的事业，共勉。

五年后，我终于鼓起勇气

一位入职半年的辅导员小丽打电话给我，谈起她带班的经历，不知不觉就哭得不能自已。小丽是一个大专班级的辅导员，学生的学习基础稍微差一点，但是大多数同学还是会主动学习的。可是她的班级有一个女生有点“胡作非为”，疯狂翘课、不学习。

小丽尝试过跟女生谈心、跟家长沟通，都失败了。这个女生最后还是因为学业问题要面临退学。小丽觉得自己很挫败，感觉做辅导员的价值突然就消失了。

小丽的讲述不知怎地让我回想起之前带过的一个学生小勇。我和小丽讲起了我和小勇的故事。

小勇是我刚做辅导员时的一个学生。当时我意外地发现他比班级同学大了三岁。跟他交流后，才知道这个学生曾考上北京的顶级学府，后来因为挂科太多退学了，之后经过几个月的复读又考到了交大。

刚参加工作的我怀揣着满腔热情，心想凭着自己的真心和真情肯定能够做好小勇的工作。再说，小勇已经吃过一次亏了，这次必定会好好珍惜学习机会。小勇来自西北，瘦瘦小小，说实话真的不像是那种“离经叛道”的学生。第一个学期，小勇还是中规中矩，只挂了一门课。

第二个学期，小勇就开始疯狂翘课了，他给我的理由大多是生病或者参加足球比赛。谈心谈话、逛操场，和家长联系，和学校心理咨询中心对接，说实话，所有该做的事我认为自己都做了。

从小到大，我都是那种乖乖学生，很难想象一个学生会对老师睁着眼睛说瞎话。我打电话跟小勇带教的足球老师联系后，发现他好几次都在撒谎。更让我心寒的是，有几次我就在教室门口问小勇在不在上课，明显不在的小勇信誓旦旦地和我说，“娘亲，我在教室认真上课呢”。

最让我伤心的其实是他的母亲，小勇的家庭条件很差，爸爸常年生病，妈妈打零工，小勇母亲和我说：“孩子在北京，我们什么办法都试过，后来还是不行，北京退学后，我心也就死了。到交大就让他自生自灭吧。”

“自生自灭”——这几个字包含着一个母亲多少绝望和泪水啊。因为医学院的体制特殊，小勇到了医院后就不是我带了。我只听说他在实习时还是各种翘课，最终也没有按时毕业，再后来回了老家，渐渐和班里同学很少联系了。

有时候，我还是有点庆幸小勇没能成为医生。医生，毕竟要治病救人啊！像这样从来不学习，超级迷糊的医学生，又有谁会放心把命放在他手上呢？

但是，我的心里一直有这样一个坎，觉得当初我可以做得更好，我总觉得小勇是因为一个什么特别的原因而不喜欢学习。但是我没有找到这个原因，这让我一直很自责。

2017年，我参加了市教委的一个项目，和上海各高校的一批心理咨询中心的老师们前往美国加州伯克利大学进行心理学交流和培训。其间，我们探讨了很多案例。印象很深的是当中有个老师讲了她之前的一段工作经历，她觉得本来可以挽救一个自杀的学生却最终没有成功，现在还是一直觉得愧疚。听着这个老师的“忏悔和懊恼”，我觉得就是在说我自己。

后来大家七嘴八舌地议论开来了，原来每个老师都有很多挫败的经历。这个时候，来自中国台湾的一个非常和善的心理学博士后带教实习生用她特有的萌萌的声音说道：“老师们，你们为什么不可以尝试撑出一片空间呢？去包容所有的学生。”不知道为什么那一刻我感觉醍醐灌顶。

说实话，对每一个交大的学生，无论是学校、家庭、社会，甚至国家，都是抱有很大的期望的。

“选择了交大，就是选择了责任！”

我们希望每位学生都能够怀揣着家国情怀，积极进取、努力前行。我没有想过，或者说我不接受交大的学生还抱有“自我要求不高”这种想法。其实从另一个层面说，我们并不包容或者说不能接受“不优秀”“不成功”的学生。

尽力而为，顺其自然。那一刻，我和自己说：“为什么不在我们做了所有的努力后，撑出一片空间去接受所有的学生呢？”

懂得了这个道理后，我发现自己的心态平和很多，无论面对家庭还是工作。

例如之前，我特别不能接受我的小孩成绩不好，每次他考了一个我认为难以接受的分数，我就会很崩溃。很大程度上，我不能接受自己的小孩其实就是一个普通的小孩。很多时候，在我们的文化中，是没有“普通”二字的生存地位的。

多年过去，我偶然从小勇的同学口中得知他的情况，但不知道为什么总不敢跟他联系，一直怕小勇过得不够好，又怕自己做得还不够，总之心情特别复杂。

文章写到这里的时候，我突然鼓起勇气向以前的学生要了小勇的微信。虽然很久没联系，但是电话那边的声音仍然那么熟悉，小勇现在结婚了，在当地也有了工作，谈起当年的事情，我们两个都是百感交集。

要挂电话时，我问了小勇：“‘娘亲’一直想问你，当初是不是我做得更多点，就会不一样？”

电话那头的他说：“说不准少做点会更好呢。嘿嘿，跟您开玩笑的，那时候太小了不懂事，特别爱钻牛角尖。然后学医要背的东西特别多，就不想背。”

小勇说，其实后面在学校食堂也碰到过我，但是不好意思叫我。

在周记发出的这一刻，小丽应该就会看到小勇故事的后续。我和小勇相约要多联系。

小勇所在的那个城市，我从来没有去过，在今天之前，仅仅只是一个地名，现在却成了一个有“牵挂”的地方。

夏天的上海，酷热难耐。挂了电话那一刻，我却感到了如释重负的丝丝清凉。

耳边再次想起了那位台湾女生嗲嗲地问：“为什么不可以尝试撑出一片空间，去包容所有的学生呢？”

我的身边都是对手和敌人

“我的身边都是对手和敌人。”

这是这几天和同学们交流时，几个同学的原话。

最初谈话的出发点是想问“为什么蛮多同学到了大学会不开心，甚至还会有一些戾气”，同学们谈起上大学后的竞争和压力，话题最后还是落到了“内卷”上。

小源和我举了几个例子。

一个是保研的例子。比如，这个专业50个同学中有15个可以保研，那么16名到25名中不太熟的同学之间的关系就会很差，因为他们在彼此眼里都是竞争对手，要么挤掉别人，要么被别人挤掉。

内卷式竞争会增添同学们原本不必要的工作量。比如一个同学报告写5页，另外一个同学就会写8页，甚至10页。同时，15名以内的同学也会产生焦虑，会害怕后面的同学赶超自己，所以人人自危。

另一个是竞赛的例子。比如，有两个同学报了同类项目的比赛，奖项数量是限定的，“蛋糕”和资源是有限的，所以这两个同学就会变成竞争对手，关系也有可能变得相对冷淡。小源还说到了大学室友的关系，他说大学室友关系最好的就是四个不同专业的聚在一起，因为大家不存在竞争关系，所以相处起来就会比较和谐。

听了小源的话，我既感到震惊也觉得是情理之中。

因为同学们都在校园里面，关注点大多是“学习”，但是保研的名额却是有限的，所以竞争关系就逐渐产生了。

这里有同学可能会好奇，为什么高中的时候要高考，同学们的关系还是可以不错呢？因为高考的竞争者太多了，成千上万考生，竞争压力并不仅仅来源于身边的同学。但是大学不一样，一个专业往往就是身边认识的几十人或者上百人，既是身边的人，就难免处处比较。

心理学家认为，比较或者嫉妒有两个源头，第一个是相关性。一个人羡慕或者嫉妒的东西通常对于他个人是有意义的，比如焦大就不会去羡慕林妹妹。第二个就是相似性，即你与比较的对象之间有相似之处，比如同事、同学。身边竞争的同学两点都符合，所以才会变成了“敌人”或者“对手”。

试想，大学期间，在充满“敌人”的环境下生活，是多么压抑和难受啊！所以，还是希望同学们能够保持平常心。

平常心，看似容易，该怎么做呢？

对于当下，做好自己、问心无愧就行。也就是我再三说的“把自己的人生活成纵坐标”，和自己的过去比，不要和身边的同学比较，只要自己尽力了，就问心无愧了。

对于未来，还是可以寻求更多的出路的。我在读本科的时候一心想着就是要到外校读研，能保就保，保不了就考。当时给了自己一个底线思维：大不了就考研，所以心态就好很多。

总有一天同学们会毕业，到时回想自己的大学时光，如果发现自己天天活在对比中，真的太辛苦了，不是吗？

幼儿园时候比小红花，初高中比成绩，大学比绩点，工作后比谁赚得更多……

其实可以放平心态，不要永远活在处处对比的视角中。跳出专业看专业，跳出大学看大学，或许就能有别样的视野。

娘亲，慢慢来

作为资深的双鱼座急性子，我最不习惯的就是做事“拖拉”。我总是想推进事情的进展，不仅总“推”着自己，还“推”着身边的人。但是这次学校的“一二·九”歌会，却遇到了一个史上最淡定的小黄。

今年“一二·九”歌会，轮到我们学院负责。大四已经直博的小黄主动地成为负责同学。从此就开始了我的焦急和她的淡定的强烈反差。

我：小黄，快点上报参加人数了。

小黄：“娘亲”，不急，再等等。

我：你们到哪里了？

小黄：路上，不急不急。

……

我和她每天都上演着这种对话。有时候我都觉得火烧眉毛了，小黄还是悠哉游哉。

有天晚上因为一起加班，和小黄一起吃盒饭，结果外卖晚了 30 多分钟，还没到。我又想打电话催促，小黄又淡定地说：不急不急。

我突然问小黄：为什么你总是不急呢?

小黄反问我："娘亲"，为什么你总是那么急呢?

我说：我觉得事情做不完，一定要效率非常高。

小黄回道：反正事情做不完，那就更不用急了。"娘亲"，慢慢来。

"慢慢来"三个字，突然击中了我。我开始慢慢观察小黄的工作。

手上的活很多，她一项一项、慢条斯理，虽然速度不快，却也能一一处理好。即使是有些时候，火烧眉毛的事，她也能悠哉游哉应付，因为她觉得工作再忙，也不能辜负了生活。

小黄说她的性格是她妈妈"纵容"的，她妈妈认为只要不影响事情的完成，万事都可有自己的安排。

读小学时，妈妈晚上从不会催她做作业，她常常看电视到晚上八点，然后才开始做作业（当然，此处并没有提倡这种行为的意思），这在我看来是匪夷所思的。

但是，我也发现，即使是悠哉，她也不会在紧要的事情上出错。所以，“一二·九”歌会100多人的大团队，从服装、化妆、到多次彩排以及最后的精彩上台，都圆满完成了任务。

其实这篇文章的主题是一个比较容易有分歧的话题。

每个人都有对事情轻重缓急的判断，有自己完成工作的节奏。但在小黄看来，最重要的是，我们应该自己选择生活，由自己去安排一切，而不是被工作学习推着，急切地向前走；生活慢慢来，日子慢慢过……

我也在反思。我老是觉得自己特别忙，是不是在忙的过程中，忽略了生活的本质？比如很多时候把工作的一个个项目当作了一个个任务。自己的目标就是把一个个任务抓紧时间完成，却忽略了工作本身就是生活的一部分。

或许我们的目的地总在远方，却常常忘了从日常的点滴中寻找生活的意义。不如从现在开始，试着慢慢来。

你，在用什么方法让自己更幸福呢？

有些人特别喜欢发朋友圈，天气、锻炼、美食、和朋友聚会、一个小发现、小收获……一天能发好几条。不喜欢发朋友圈的人可能会觉得匪夷所思。事实上，研究表明，喜欢发朋友圈的人正是用这样一种方式让自己变得更幸福。为什么呢？因为这里面包含着幸福心理学的一个重要原理——品味。

日常生活中，当发生了一件让我们开心的事、我们感到很快乐时，一般强度的开心并不能持续多久，因为我们很快就会被别的事情转移注意力。但如果生活总体是满意的、适应的，就会不断遇到开心的事情，所以之前那件开心的事情被我们忘记了并不会有多大损失。

可问题是，生活并不总能如此让人满意。有的时候我们会非常忙，可能还会焦虑无比，因为不知道结果会如何，又或者是不断尝试却又不断受打击。这时候我们常常会无暇顾及那些生活中的“小确幸”，而长期没有积极的情绪体验容易让人身心俱疲，甚至诱发身心疾病。

如果一个人已经陷于比较困难的情境当中，这时候跟他说要学会让自己开心起来，往往是比较难的，所以这是一个在日常生活中就必须培养的习惯，在生活的点滴中不用花费太多的精力去高效地体验生活的美好。这既可以提升抵御未来有可能出现的持久困难带给我们的伤害的能力，俗称“抗挫力”，也可以帮助我们在日常的生活中增加更多的幸福感。这个方法就叫“品味”。

心理学家已经总结出一些简单的方法，可以帮助我们事半功倍地把幸福感放大：使知觉敏锐、专注、建构记忆、与别人分享、祝贺自己。

听起来是不是就是发朋友圈的步骤?

让自己对周围美好的事物保持敏锐的触角；

专注地用全部的身心去体会她，让这种美好的感觉来得更强烈；

留下一些东西用以回忆，可以是文字，也可以是影像；

“独乐乐不如众乐乐”，让更多的人体会到这种喜悦；

由衷地为自己庆幸，生命中可以有这么美好的瞬间。

当然，你也可以不发朋友圈，那你可以做点别的什么来帮助自己发现美好，留住美好呢？有的同学会做手账，有的同学会写正能量日记，有的同学会和朋友互相分享趣事……

你呢，你在用什么方法让自己更幸福呢？

做一匹快乐的“小马”

在交大，我目睹过太多绩点的战斗、科研的压力、学习的竞争。

很多时候看到焦虑的同学们，都有点心疼。但是每次看到小马同学，我就觉得很“逗”。

小马姓马，人如其姓，特别的欢腾。用他自己的话说，高考分数稍差一些，因为调剂险进，所以自己没有抱太大期待，因此大学生活轻松很多。

其实不只是在大学，小马从小到大都是随遇而安的性格。父母要求一直不高，他也不给自己太大压力，反而也没有学得特别差。

在大学，小马觉得身边都是大牛，学习也没有太放松，勉勉强强还能过得去。唯独英语总是不争气，还挂科过一次，六级也没有考过。想想自己这种半吊子学习肯定拿不了保研机会，所以最后一次英语六级考试小马也放弃了。

然而，大四保研名单发布的时候，小马却看到了自己的名字。原本是一个惊喜，但是因为学校规定保研一定要过六级，就变成了惊吓。

小马的这件事至今被“大为传颂”。毕竟交大因为六级没通过而无法保研的同学不多。

换作其他同学很有可能捶胸顿足，后悔错过最后一次六级考试。但小马毕竟是“快乐的小马”，他觉得自己即使去考了，也不一定能过六级。于是，他马上接受了这个结果，打算考研。

我就问他，六级都没过，考研英语就能过吗？

小马乐呵呵地说，我要试试。

说实话，我完全没觉得他能考得上。9月份距离考研只有3个月了。小马度过了在交大最努力的三个月。最后的结果是考上了，不过分数不高，几乎是飘过的。小马又开始了交大的读研生涯。

在所有的理科研究生掉头发的时候，小马的头发却越来越茂盛，并且觉得自己的研究生生涯乐趣无穷。我不禁又给他泼冷水。我说：“读研，你怎么都不上进点，好像一点不紧张呢？”

小马认真又严肃地说：“‘娘亲’，我发现好多成绩没我好的同学都不紧张，我为啥要紧张？”

我说：“因为有很多同学特别优秀啊，你跟他们比不就显得落后吗？”

小马问：“他们那么优秀，跟我有什么关系？我有自己的生活节奏。”

“我有自己的生活节奏”——突然间，我觉得小马是一个智者。正是因为有自己的生活节奏，所以从小到大，小马没有过太多的烦恼和压力。即使是在交大，学习压力这么大的地方，他也能乐呵呵地做一匹快乐的小马。内卷、争取、压力、抑郁，在他那里是感觉不到的。

因为小马永远做自己。

嘿嘿，在这里和同学们分享小马的故事，并不是建议你们也不去考六级。而是希望大家跟小马一样，永远有自己的生活节奏，不会让别人的路线干扰自己，永远做一个快乐的自己。

党员先上！你还要入党吗？

在给新生做入党动员的时候，学生们常常会问这样一个问题：“老师，入党誓词中提到要随时准备为党和人民牺牲一切，但现在是和平年代，牺牲很遥远，为什么要加上这一句呢？”

交流时我们会探讨两个方面的问题：一是一些特殊的职业，如军人等，常有牺牲的可能；二是虽然作为党员并不会全都上战场，但都应该做好工作，为人民服务。

交流的最后，我常常会问他们：“如果牺牲就在眼前，作为一名党员你觉得该怎么做？”

如果说那时我们的回答都太虚无缥渺的话，那么这次的疫情，党员们用实际行动给了我们最真实的答案。

“不计报酬，无论生死！”这是武汉同济医院一名有着15年党龄的医生写下的申请书。他说：“这是为了起到一个党员的模范带头作用，尽到一个医务工作者治病救人的应有职责。”“党员们先上，这个没有商量。”在这次新冠肺炎疫情中，上海华山医院感染科主任张文宏医生的呼告掷地有声。“先上”——看似简单的两个字，但是对于奋战在一线的医生来说，直面当时传染力度和规模都不明确的疫情，真的就是意味着未知和死亡。

一张疫情期间因公殉职的人数占比图广为流传，党员占比 66.7%。据人民网报道，截至 2021 年 2 月 10 日，因抗击新冠肺炎而牺牲的公职人员 54 名，其中党员 36 名。所有的数字背后，都是一个个鲜活的生命，我们无法忘记，也不应该忘记他们。

无论是在小村里负责道路的管制，还是守在高速路上量体温，抑或上门查看隔离人员的情况，“我是党员，我先上”，如此朴实的一句话却蕴藏着无穷的力量。这种力量从何而来？事实上党员并不是英雄，他们也是普通人，他们也有父母和子女，也有爱着他们和他们爱着的人。

在这时选择挺身而出，只是因为他们曾经高举右拳庄严宣誓——“随时准备为党和人民牺牲一切”，因为他们知道只有舍小家才能为大家。

昨天在入党积极分子群里和同学们分享了这次疫情中党员们的故事，并向经常提问的那些学生问了一个问题：“党员先上，可能真的是赴死，你还志愿入党吗？”

学生们的回答让我很感动。有位同学写下长长的这样一段话：倘若一味空喊“服从命令，听从指挥，尽职尽责，积极响应党的号召”，那确实太假。在生命面前，多思量几番总是人之常情。但经历一番思想挣扎后，我的选择还是“入党”。我认为人活着更多的是为着信仰，不单单是为了活着而活着。

生在当代，无法像诸多革命先烈一般，明知会身死，依然不顾一切，抛头颅，洒热血。但也总想为着自己的信仰做一点什么，也许并不那么伟大，而做出这样的选择，也才能无愧于心。

一名党员就是一面旗帜，哪里有需要，哪里就有党员冲锋在一线，随时准备为党和人民牺牲一切。

入党誓词重于泰山，背后寄托着万千先烈的厚望和万千党员的信仰。面对疫情，或许我们每一位党员都应该扪心自问：“党员先上，可能真的是赴死，你还志愿入党吗？”问的是初心，答的是信仰！

疫情下的中国，就是你的中国

收到学生小勇的留言：

“娘亲，现在是疫情特殊时期，本来应该是万众一心的，但却乱象丛生。有卖假口罩发‘国难财’的，有只顾自己发论文的专家，还有听信谣言摔猫扔狗的，我不知道为什么会这样，我突然对战胜疫情没有了信心。”

给小勇的回复：

这个春节（2020 年）确实让我们一生难忘，因为新冠病毒，一些同胞永远地离开了人间。我每天都在关注着疫情地图，上面的每个地名、每个数字都牵动着我的心。那一个个数字，后面是一个个鲜活的生命，一个个家庭啊。

小勇，看到你的问题，我不禁想起英国作家希斯洛普写的《岛》，讲述的是希腊克里特岛上以佩特基斯家族为代表的和麻风病抗争的故事。

传染病当前，书中人们的表现也是迥异的：面对患病的母亲，妹妹伊莲妮勇敢坚毅，对母亲和同胞充满爱，而姐姐安娜却逃避厌恶。人性的问题永远是共通的，永远都是经不起考验的。就像韩国电影《釜山行》中，面对僵尸病毒的肆虐，火车上的人们同样众生百相。还有发人深省的英剧《切尔诺贝利》，哥伦比亚作家马尔克斯写过的《霍乱时期的爱情》，法国哲学家加缪的《鼠疫》……

你的这个问题，在历史上，有许多人做过回答。的确，灾难时节，悲观会蔓延，会折射出普罗众生的百态。九一八事变之后，也有过散播悲观言论的，迷信求助鬼神的和对抗日前途失去信心的。

于是有人说，我们要“于一切眼中看见无所有；于无所希望中得救”。他选择发现困难中的伟大：“我们自古以来，就有埋头苦干的人，有拼命硬干的人，有为民请命的人，有舍身求法的人……这就是中国的脊梁。”

他，就是鲁迅先生。

人们都说疫情是面照妖镜，揪出了牛鬼蛇神，也让我们真真切切地看到了国之栋梁！疫情中有蛀虫，更有中国的脊梁。

是的，有卖假口罩发“国难财”的，但是更多的是坚决不涨价的商家，还有更多的人无偿捐出物资。湖南常德的一个小伙子一口气捐出了18000只之前为他抵扣工资的口罩，并且谢绝所有的捐款。《我不是药神》的原型陆勇去印度买口罩护目镜支援抗疫。那个经历过人世间最大恶意的林生斌先生，也默默捐出了价值9万元的口罩。

小勇，你或许在十几年的求学生涯中早已听过无数遍罗曼·罗兰的这句话，但我想今天你会更懂得它的意义——“世界上只有一种英雄主义，那就是在认清了生活真相后依旧热爱生活”。

是的，有只顾自己发文章的专家，但是更多的是任劳任怨、风雨兼程的专家和医护人员：得知疫情第一时间连夜赶往武汉的钟南山院士，从疫情到现在一直蹲守一线的华山医院感染科主任张文宏，身患渐冻症却一直奔波在前方的武汉金银潭医院院长张定宇，等等。

是的，有听信谣言摔猫扔狗的少数人，但是更多的，是遵守规则、再难都不出门的广大群众。空无一人的大街，不再热闹的春节，异常安静的假期。默默坚守岗位的环卫师傅，以中国速度建造火神山医院的建筑工人，还有为大家送口罩的快递小哥……数亿中国人都在共同努力。

疫情考验着人，也考验着人性中的阳光与阴暗。小勇，现在的你我，很难上一线去救治病人，也没有能力去建造医院，但是我们都可以做一个“不添乱”的市民。听话地宅在家，保持对疫情的关注，理性地发声，坚决不传播谣言，不助长网络暴力。

就像网上一段话写的:“你所站立的地方,正是你的中国;你怎么样，中国便怎么样；你是什么，中国便是什么；你若光明，中国便不黑暗。”有一分热，发一分光，就像萤火一般，也可以在黑暗里发一点光，不必等候炬火。此后如果没有炬火，我们便是唯一的光。

因为，疫情下的中国，就是你的中国。

起点归程，每个阶段都有意义

“我无法也不应该站在未来去指责过去的自己；我们每个人在每个时点上都基于有限的信息做出了当时的最优选择——这已然足够。”

从倒数第一到专业第一

当谈到物理时，大家的第一反应是什么？

“物理好难。”

“头顶发冷。”

“求学生涯禁忌词。”

说到物理学家，大家的第一反应又是什么？

“清一色的男性。”

但是，交大物理系有一个小姑娘却“迎难而上”，个子不大，但能量可不小。

她叫小章，来自革命老区江西萍乡。因为她当初是通过贫困地区的思源计划被交大录取的，所以高考分数比同类录取的同学低了将近35分。大一开学后的数理分流考试，一共122名同学，小章考了最后一名，妥妥的“学渣”。

小章知道自己基础差，但并不气馁，考试之后，她抓住一切学习的时间和机会。勤能补拙，三年的不懈努力，让她实现了从倒数第一到专业第一的逆袭。前段时间，小章成功直博本院，成为了一名物理学博士生。在学习的同时，她积极通过科学实践来锻炼自己的科研能力，大二时就已经在院士牵头的实验中心开展科研实践，并以项目负责人的身份参与了学生科创项目，其间完成了一项倍频新技术的开发，目前正在申请专利。2019 年暑期，小章受学校资助去到美国伊利诺伊大学厄巴纳—香槟分校访学交流，体验了不一样的科研氛围，受益匪浅。

和大多数“00 后”不同，小章不是独生子女，她有几个兄弟姐妹，家里经济条件也并不宽裕，所以她不希望上大学了还给家里带来经济负担。

大学期间，她做过课程助教、辅导班老师、体验式培训助理，这些勤工助学在她看来都是学习生活的调节剂。国家和学校的资助，每年获评的奖学金，加上勤工助学期间的劳动所得，在本科期间，她没向父母要过一分钱，甚至还能在父母和弟弟妹妹们生日时给他们准备小惊喜。

作为班长和学生会联络部部长，她组织牵头的迎新晚会等大型活动共计十余场。

一路走来，小章感受到了来自社会、学校等多方给予的温暖，从中汲取了前进的动力，她也希望通过公益服务来将这份温暖力量传递给更多的人。上大学以来，她做志愿者超过 30 次，时长累计超过 100 小时。爱心家教、爱心午餐等志愿服务也让她切身体会到了奉献的意义。

俗话说，身体是革命的本钱。在交大，小章学会了游泳、羽毛球、网球，并坚持每天一小时的锻炼。她还是校龙舟队的正式队员，曾两次代表学校出赛并获奖。在 2019 年的名校龙舟赛中，交大龙舟队还凭实力赶超清华大学、北京大学和复旦大学，勇夺二等奖。

用了这么多的笔墨来介绍小章的故事，就是想告诉大家：当初的小章，条件比大多数人都要差，但是通过几年的努力，她走出了属于自己的一条道路。

大学的舞台很大很大，这个舞台由你做主；那些青春绽放、奋力拼搏的故事也由你书写。

而你，又想演绎怎样的大学故事呢？

10 年大学终退学，28 岁的他重新高考

娘亲曾收到过一封信。因为写信的人的经历比较坎坷，所以就叫他小难吧。

小难大学十年仍未毕业，最终在 28 岁时选择重新高考成为大一新生，重新开始奋斗。刚刚过去的期末考试，他几乎门门功课都达到了 90 分。他希望自己的经历能给那些在大学里迷茫的学生们带去一些启示。

小难的自述

去年九月，我又一次成为大一新生。如今一个学期过去了，让我庆幸的是，整个学期我一直坚持认真学习，不仅在学校的课堂上，而且还跟着网课学高等数学。期末考试中，我也拼尽了自己的全力。现在，我终于可以对自己说：“相信你自己，可以的。”

只是回想起过往不堪的经历，我依旧悔恨不已。

2011年，我考入了某大学医学院，七年制本硕连读。报到、军训，很快我就迎来了全新的大学生活。

一开始，我觉得大学学习很轻松，我的成绩也还不错，数学期中考试得了91分。但是，大学化学却给了我当头一棒。我发现自己上课跟不上老师的讲课进度，下课后作业也不会做。尽管如此，我也并没有用心复习，更没有重视，即便去图书馆借化学参考书也仅仅用于找课后习题的答案。

慢慢地，我不再在第一排占座学习了，上课时选择的座位越来越靠后。期中考试时，我的化学考了59分，真的很丢人！但是这个59分并没有改变我，我过得更加浑浑噩噩，更别谈认真学习了，一学期结束，我的成绩勉强及格通过。

大一下学期一开学，我就立志好好读书，确实也坚持了一段时间，可惜，很快我就放弃了。

虽然大一下学期我还是以绩点4.0通过了各科的考试。但是到了大二，随着枯燥无味的专业课——人体组织结构功能1——开始，我的课本越来越厚，于是，我上完课干脆也不复习了。到期末考试阶段，就一个人在教室里翻书看，只是一天下来根本看不了几页。就这样将就着，我以60分勉强通过了考试。

留在口头上的努力，开启了我挂科—重修—再挂科的噩梦。

在这个阶段，我曾经考虑过转专业。但是，最后到准备材料的阶段，我又放弃了，因为转专业一直都只停留在我的口头上或者脑海里，我从来没有为转专业要考查的课程做过准备。

大二上学期的生物化学是我人生噩梦的开始，重修的次数我已经记不清了。往往是上课不认真学，期中考试 1 分之差导致挂科，然后期末继续挂科。这是我大学挂的第一门课，但就是这门课开启了我之后挂科重修、再挂科再重修的恶性循环。

刚上大三，我不是没想过补救，甚至当时还嫌大二时修的人体组织结构功能 1 的成绩太低，去申请了重修，结果可想而知。大三的专业课更加繁重，最终生化重修我也没去参加考试，人体组织结构功能 1 也因为申请重修却未参加考试变成了 0 分。

大四之后，换了校区，我们开始了临床课程的学习。和之前每个学期的开始一样，我计划着好好学习，但是每个学期良好的开始，最终都以“烂尾”结束，即便笔记记得整整齐齐，结果仍然发现自己前面落下的内容实在太多，已经跟不上进度了。

为了所谓的面子，我一次又一次地自欺欺人，在这个过程中，我既不愿意踏踏实实地学习，又生怕别人知道自己挂科丢了面子，不去参加补考，平时也不去上重修的课，等到期末就胡乱勉强地应付考试。生化、寄生虫学、人体组织结构功能 2、病理生理学、细胞生物学、诊断学、外科学，这几门课程不断地循环。

再后来，在医院各科室的见习开始了，我越来越讨厌自己，理论都没掌握好怎么去见习？带教老师问的问题我几乎都答不出，我变得越来越自闭，不愿与任何人交流，也不敢和家里人说。好在这段时间我找到了自己喜欢做的事——教数学，这才使我得以维持那段时间的生活。

最后我不得不延长学习期限。

虽然整整延长了三年，但由于我自己不努力，最后诊断学未通过，只能拿着结业证，惨淡地结束了大学痛苦的学习生活。

28 岁的我，第二次高考成功，开始了新的学习生活。

我的第一次大学整整读了十年，而且延长的那三年，对我来说非常痛苦。离开学校后，痛定思痛，我真的不甘心就这样,匆匆十年,却什么也没有留下。我决定第二次参加高考。

幸运的是，我曾经的各位高中老师在得知我要第二次参加高考后，非常热心地给了我各种帮助。更幸运的是，我通过高考来到了新的学校，开始了崭新的人生。

经过这次失败，我想说的是：

首先，如果不喜欢本专业，要么踏踏实实地抓住学校转专业的机会转去心仪的专业，要么好好学习本专业的课程，要么立马退学复读、重新参加高考。青春的时间真的很宝贵，转瞬即逝。

其次，大学的学习贵在坚持。从每个学期初到每个学期末，都必须要认认真真学习、复习，持之以恒，期末的成绩才不会亏待你。

最后，无论有什么困难，都要尽早和家里人沟通，处理问题的时间越早，方法就越多，千万别和我一样，最后无路可走。

战胜“学困”，要激发学习内动力

在上海交通大学担任一线思政教师以来，我见过无数优秀的学生，但是最让我记忆深刻并深深惋惜的却是那些本应很优秀，最终却因为各种原因退学的学生。

他们当初都曾是万里挑一的优等生，大家口中“别人家的孩子”，他们以基础教育优胜者的身份被上海交大录取，但为什么他们到了大学，学习的后劲就不足了呢？我开始反思他们的学业无法继续的原因。

造成“学困”的原因很复杂，有的同学对本专业不感兴趣从而逃避和放弃，也有同学因为压力大等原因心理出现问题……但是作为一名思政工作者，更让我关注的是使他们退学的共同原因。

经过多年和“学困”生的面对面交流访谈，我发现“学困”现象出现的内因，是这些学生“内在学习动力缺乏”，换言之，这些学困生缺乏发自内心学习的原生动力。因此，要解决学困生的问题，最重要的是激发他们的学习动力。

这些学生有一个共性，就是从小到大基本都是在父母的强制管教下学习的，学习更多是他们家人强加的后果，他们本人很少探寻自己学习的真正原因。

我遇到过两名学生，都是第一次高考考上名牌大学后退学，又通过复读考上了交大，结果还是没能正常毕业。

按理说，已经有过第一次退学的打击，第二次无论如何都会珍惜，但现实并非如此。让我印象很深刻的是，两名学生都和我说，“老师，我很擅长做题，只要我努力集中注意力，有父母管着，我考试都没问题。但是，我不知道学习的真正目的是什么”。

谈到外因，就是大学的学习环境，不同于高中，大学的学习氛围相对自由宽松，让他们不习惯了。

高中时每个班级有固定的教室，固定的老师，有班主任和任课教师悉心指导学习，生活有家人的悉心照顾，基本有规律可循。但是到了大学，教室不固定，老师上完课就走人，班主任和辅导员也不像高中一样天天见。这时，是自律努力学习，还是无拘无束、放纵自我，完全取决于学生本身。

大部分学困生都是在父母“管教”下成长的，到了大学，缺乏“管教”，他们很容易丧失自制力。高中时还有高考作为目标和指挥棒，但到了大学，目标多元而广泛，加之缺乏所谓的“监督”，学生很容易滑向迷茫。

所以，对于这些学困生，最主要的还是要激发他们学习的内在动力。

首先这些同学可以扪心自问，学习的目的是什么？

学习的目的可以有很多，高中时我们学习也许只是为了取悦父母、取悦老师。但是进入大学，年满十八岁，你可以说十八岁以前努力奋斗是为了父母，但十八岁后，一切努力和磨难都是为了自己，每个人都需要从自己内部找到学习的目的。是否可以解决学术上的难题？是否能够面对学习生活的困境？要达到怎样的目标？要拥有怎样的生活？要成为一个什么样的人？这些都需要学生自己去思考。

其次，树立目标很重要。

目标包括远期的目标，比如未来的行业选择，还有近期的目标，如每个学期的学习规划。没有什么目标是可以一蹴而就的，所以在我们拥有明确目标之后，我们需要将其分解成每日的小规划，这样实现起来就不会很难，而且每天都能从小目标的实现中获得充实和幸福感。

再次，强烈建议学困生走出宿舍。

离开宿舍不是因为在宿舍就一定不能学习，而是对于很多学困生而言，舒适的环境会让他们遗忘学习任务，无法强迫自己在舒适的环境中学习。而图书馆、自习室这种学习的环境中，人总是会受到一定的约束。

最后，在大学，能成为怎样的人，只能靠自己。

在一所学校里，大家入学时水平相当，而毕业时的状况却可能天壤之别，这其间的差别就在于大学这四年是好好利用还是浑浑噩噩度过。如果不想毕业时如梦初醒般地后悔，现在就做好规划并高效执行。

人生最难的是“早知道”

考研刚刚落下帷幕，小思便找到我，和我分享了她的考研经历。她说：“娘亲，我觉得我选的专业太难了，听朋友说她考的比较简单，早知道我就不考这个专业了。”我问她：“那你在过程中认真付出了吗？”她点了点头，说：“但是感觉付出都付之东流了，结果不一定是好的，太后悔这个选择了。”

大多数同学在上大学以后都很享受美好的大学时光，上课、活动、兴趣、交友，把自己大学里的“小日子”过得风生水起，但也有很多同学一直“活在过去”。他们经常说的就是

“早知道我就不选这个专业了。”

“早知道我就不报这个课了。”

“早知道我就不交这个朋友了。”

“早知道考研考不上我就不考了。”

“早知道……”

很多学生都找到过我，倾诉他们的“遗憾”和“不满”，所以对于小思的想法我并不感到惊讶。

相信很多人也都曾这样想过，早知道做或者不做某个决定，尤其是在遇到挫折或是面临失败的时刻，会很轻易地陷入“如果当初”的纠结中，会幻想如果做了另一个选择，那么结局会不会大有不同。

关于这个话题，我想对那些和小思有着相同想法的同学们说：与其日复一日地懊悔，不如对自己宽容一点。无论结果如何，同学们在过程中都切切实实地付出过、努力过，尽到了自己所能，这就已经很厉害了，不是吗？

在知乎上看过这么一句话：“我无法也不应该站在未来去指责过去的自己；我们每个人在每个时点上都基于有限的信息做出了当时的最优选择——这已然足够。”

其实所有我们做过的大大小小的决定，本质上都是在面对不确定性。我们做出一种选择，就是在应对未知情境时，通过自己的想象来推演出不同选项可能发生的后果，然后将其与现下加以比较，从中选出自己最期待发生的一种结果作为最终的答案。

我们常说世上不可能卖“后悔药”，其实人生最难的也是“早知道”。

疫情爆发时，有人想着“早知道买口罩”；

期末挂科时，有人想着“早知道认真学习”；

生病住院时，有人想着“早知道锻炼身体”。

可是人生没有重来，选择也不会重现。扪心自问如果当初做了另一个选择，当下的你真的不会像现在一样后悔吗？

当你后悔时，或许可以分两个情况讨论。

可以改变的，尝试去改变。如果成绩不理想，那就认真读书，多去图书馆，努力学习更多的知识，尽可能充实自己，扩展自己的见识和能力；如果想要交更多的朋友，那就多参加活动、竞赛，去慢慢发现那些和自己志同道合的伙伴；如果体育不好，那就每天坚持锻炼，强健自己的体魄。只要你迈出第一步，改变其实并不难。

不能改变的，学会接受。“尽人事，听天命”，把心态放平和，接受意外、接受遗憾、接受经历、接受平凡，这是人生的必修课。我们要明白很多事情的结果不是我们能够决定的，但只要在过程中认真努力，脚踏实地了，无论成功与否，经历都将是一笔财富。

考研后，他彻底反思

昨天是娘亲咖啡屋营业的第二周，四个同学，四个故事，让我印象最深的是小勇同学。因为怕预约者忘了时间，上午我还给他们一一打电话确认。

娘亲：小勇，下午预约了娘亲咖啡，还记得吗？

小勇：娘亲，我记得，这是我考研后最想做的事。不过我更喜欢喝茶。

约定的时间到来，我给小勇泡了一杯普洱茶，淡淡的茶香弥漫开来，抿了一口茶后，小勇开始讲起他的故事。

小勇是交大的学生，没有拿到保研名额，所以成了考研族的一员，要和全国的广大考生们一起竞争母校屈指可数的招考名额。对于刚刚过去的考试，小勇觉得总体还行，但是英语有点悬。我问他如果没有考上，有什么打算，小勇非常坚定地说再考一年。小勇说他很喜欢现在的专业，从高中开始就非常非常喜欢，一定要继续读下去。

娘亲：既然这么喜欢，为什么不从大一就开始努力呢？

小勇：娘亲，其实我来找你就是想告诉你这些，也想告诉学弟学妹们，不要像我这样。大一的时候，刚进大学，自己给自己松绑了，那时候《王者荣耀》很火，就开始在课后长时间玩游戏。虽然课堂上认真听讲，但是因为复习不及时，还是挂了一门课。

娘亲：是因为游戏吗？

小勇：娘亲，游戏其实就是一个“媒介”，如果不是游戏，我也会去做其他，比如逛“b 站”、看小说，总之就是懒，不能主动去学习。

娘亲：为什么不想学习呢？

小勇：因为那时候有几门课程的概念难以理解，做题的时候感觉很困难，加之没有学习目标，就不想学习了。

娘亲：那你那时候为什么不想着把概念搞懂呢？

小勇：因为那时候刚进大学，不知道怎么学习。

娘亲：都读了这么多年的书了，为什么说不知道怎么学习呢？

小勇：我自己反思，有两个方面的原因。一是不知道怎么去找适合自己的资料，二是没有跟老师沟通。理解不了就一个劲自己想，后面想不通了就直接放弃了。

娘亲：如果现在回到大一，遇到概念不懂，你会怎么做？

小勇：首先找授课老师交流，让老师推荐相关的教材，然后自己在网上寻找相关讲解视频，多问，一定要去做题，加深理解，不能因为不懂就逃避和放弃。有很多人抱着考前突击、低分飘过的心态，但是“常在河边走，哪有不湿鞋”。

娘亲：你刚才提到了目标，你觉得在大学目标重要吗？

小勇：目标的确是很重要的，但是如何定目标和定什么样的目标也很重要。

娘亲：你是什么时候开始有了目标的？

小勇：大三上学期，那时候有个考研的目标。

娘亲：为什么会突然有目标呢？

小勇：因为还想继续读书，想保研，不然就得考研了。

娘亲：大三到保研前还有一年，这期间，你做过什么努力吗？

小勇：当时想重修课程提升绩点，但是发现来不及，于是想通过发一篇高水平论文获得保研名额，就申报了学校的

“大创”项目，也顺利完成了并获得了校级优秀。但是论文审核时间太长，赶不上保研的时间。还是自己不够主动，如果早点找老师以及师兄师姐开始这个项目，就不会这么被动了。

娘亲：你觉得有目标和没有目标有什么不同？

小勇：我想不同点在于会不会主动地去学习，有了目标，就像有了一个触发器，触发我主动学习的欲望。

娘亲：你说考研后，你对自己的大学生活进行了“彻底的反思”，这种反思具体是什么呢？

小勇：刚进大学时，虽然知道自己该努力，但是不知道怎么面对努力后没有回报的情形。经过这几年，我发现之前所谓的努力是“无用功”。只知道单纯地花时间，而不注重方式方法。就像刚才说的，如果大学可以重来，我遇到不懂的问题肯定会找授课老师交流，让老师推荐相关的教材，努力加深对课程的理解，不会因为不懂就逃避和放弃。但是我也感谢这段经历，它让我明白了我之后该怎么做。就像现在，虽然还没有读研，但是我已经给自己的研究生提早进行了规划，特别有动力。

娘亲：你的研究生规划是什么？

小勇：我会好好上课，在老师指导下，好好做科研，争取继续读博，毕业之后在高校当一名老师。

娘亲：希望明年2月份，听到你的好消息。

小勇：谢谢娘亲。我也希望能考上，即使考不上，我也会再考一次，因为我现在特别知道自己想要什么，也有动力。

娘亲：祝好运，欢迎继续来喝茶！

大学四年，我终于接受了自己

前言：我们身边很多同学都有过很迷茫的时刻。有一位同学，在交大，她也经历过迷茫的低潮，但最终与自己和解。和大家分享这位同学的文章和她的经历。

普普通通的“小镇做题家”

这篇文章始于水源上关于“小镇做题家”的讨论。我在那里平和地讲述了过往的一些经历，继而发现自己已经与过去的自己慢慢讲和。

围绕“小镇做题家”的讨论，总是绕不开“资源”和“眼界”等字眼，而我在读大学之前，也确实并未享受过最优质的教育资源。

我来自东北一个十八线小城市，读的小学在当地是排名靠后的，因为学校离家近；后来到了山东的一个县级市读初中，也是排名靠后的，因为学校便宜而且离家近，虽然我可以考到更好的初中，但是奖学金没办法完全覆盖学费和住宿费，于是作罢。好在县级市只有一所最好的高中，某某市第一中学，即便初中排名靠后我也还是顺利考进去了。

但仅仅是在那座小城市里，仅仅是读了不同的初中，我的同学们看过的电影、读过的书、讲出的话，都让我意识到自己和别人在思想和眼界上的差距，于是我“见贤思齐”、慢慢成长，度过高中三年。学习上，当时的政策是拼裸分不搞竞赛，所以我们只是稍稍学了一点物理和数学竞赛的东西，其他时间都在考试和刷题。

我参加了清华的领军计划，止步于第一场考试，连北京都没去成。

你看，在“小镇做题家”之中我也只算是普普通通。

“考上交大是不是你的人生巅峰？”

最后能来交大确实是我前 17 年人生当中最让我欣喜的事情，毕竟此前的目标极其纯粹，就是读个好大学，交大对我来说够好了。

虽然我是被老师寄予厚望冲击清华、北大的人，但从一模开始我的成绩就不尽如人意，发挥不出来，本来都看开了，觉得中国海洋大学或是吉林大学也挺好，结果高考正常发挥来了交大，夫复何求呢！

我看到水源论坛上有人问："考上交大是不是你的人生巅峰？"

是啊，怎么了，这还不好吗？

在竞争如此激烈的时代，这确实让我们当中的大多数有了更多选择，在碰壁的时候也有了更充分的空间转身、后退。

到了交大之后，我发现自己对所学的专业一无所知，也没有实习资源，缺乏视野，成长节奏比身边的人慢很多。身边很多同学早早开始找实习，也清楚自己的职业发展路径——同伴压力总是围绕着我。

我从前也和自己左右互搏，总是受身边的人影响，过得十分拧巴，反思我自己为何不能做出更好的选择。但幸运的是，看多了大佬们，我慢慢就对自己有了清醒的认知——在有限的资源和信息条件下，我永远赶不上他们的节奏，索性放过了自己。

当时的最优选择已经足够

学完博弈论和行为经济学之后，我发现要获取完全信息并做出完全理性选择的假设太苛刻。

我无法也不应该站在未来去指责过去的自己；我们每个人在每个时点上都基于有限的信息做出了当时的最优选择——这已然足够。我所能做的，只是在后来的日子里，主动去获取更多信息，争取更多的资源。

我知道，我永远不会是完美理性人；理想条件下的最优选择，“Only God Knows”（只有上帝知道）。

人生慢慢来也没关系，正如纵贯线所唱的那样：

“我们就各自用舒服的姿势，用擅长的方式，给人生/我们的/不管是一种告解还是一份答辩词。”

此外，我发现，学院里面的大佬其实也是少数，大多数人都和我一样，有过迷茫，慢慢摸索人生的路径。只是大家不常在社交空间表达自己的失意，展现出来的都是光鲜的一面；或者本没有想要刻意展现什么，但是也会被一些人误解或过度解读，于是大家慢慢都缠裹上了同伴压力的茧。

当意识到所看到的那些成就本身便存在选择性偏差之

后，我明白其实大多数人都和我所差无几，便没有那么焦虑，心态逐渐平和。

“见天地，见众生，见自己”

我目前选择的职业方向学院里少有人走，实习的时候别人还是会问我“你怎么不去哪里哪里，你怎么来了这里这里”，把我往更高的地方劝，但我内心知道，没有人比我更了解自己。

所以我也有在考虑其他的方向——我大概就是这样借助外力成长的。

我沿着目前的路径走得还算顺利，这也离不开学校和学院的校友资源的支持。中途我曾经一蹶不振想彻底“躺平”，但是被几位老师劝住了，他们在我最低沉的时候给我提供了更多信息，推着我往上走了一步，虽然当时觉得痛苦，但是走过来之后还是感激更多一些。

我身边也有同学已经完全想清楚自己要什么。比起在业界和人打交道，这位同学更喜欢教书育人，于是决定在高中当老师，他说服了试图说服他的家长和老师，现在也是心态平和。

我觉得不论是哪种选择，都是很好的。

能来交大，见识到优秀的朋辈，并且水涨船高，带动我成长，超出了当年对自己的预期，我深觉幸运与感激。

更重要的是，四年间与人周旋、与己周旋，我逐渐“见天地，见众生，见自己”，而今终于与自己和解了，不会再轻易被别人打乱节奏。

人生不是一蹴而就的

或许这也和学院的老师有关。虽然商学院给外界的印象更多的是精英主义的和汲汲营营的，但幸运的是我依然遇到了诸多淡然的老师和同学，这大概也是交大的包容之处吧。只要你用心留意，总能发现相合的人，互相关怀。

我印象比较深的是，去年我院知名教师写了一篇长长的年终总结。其中他说自己认认真真上了两个学期的课，多年积攒的课程笔记已经可以出书——好像很久没有看到有人不加修饰地、如此平实地陈述自己的本职工作了。那位老师研究和教学都很强，去年已经评上了教授，但那甚至并不是他年终总结的主题。他只是举重若轻地写道——自己可以不用再为评级去做事情，可以做自己想做的事。

我每每看到同学发年终总结，就也想要挤一些东西出来，但面对自己乏善可陈的一年，又觉得没什么值得总结。我们老师的那篇年终总结，让我突然看开了：急什么呢？

反正人生还长，积淀多了之后，自然会有一些事情想要述说。想要记录或者反思的东西也未必非要放在年底，我又何必“为赋新词强说愁”。

还有一位老师曾同我们讲述，他做研究遇到瓶颈实在进行不下去时，有一次自我怀疑，是否过去的选择是个错误，是狄更斯《远大前程》里面的一句话消除了这个想法，他分享出来与我们共勉：

……and think for a moment of the long chain of iron or gold, of thorns or flowers, that would never have bound you, but for the formation of the first link on one memorable day.

（想想看，如果不是在那值得纪念的一天里，第一个环节的形成，那铁链或金链、荆棘或鲜花的长链永远不会把你束缚。）

可能正是这样一些微小的时刻，老师或是同学的开解和鼓舞，让我们逐渐与过去的自己握手言和，带着曾经的选择继续笃定地走下去。

职业规划和人生规划都不是一蹴而就的。

大多数所获得的资源和信息都有限的同学，可能也和我一样，几多周旋才会看清自己想要什么。多和老师同学交流是个不错的方法；另外，也可以给自己留个退路，我高二以前十来年的人生理想都是当老师，因为天天接触，这是我最熟悉的职业。我在最灰暗的日子里能没被焦虑击垮，也全靠我妈说的“不行就拉倒呗，回东北当老师也行”。

家里人没有给我什么压力，因为他们确实不知道我在学什么，我的压力、动力都是自己给自己的，还比较好调控吧。

不是吧，她为什么不坐高铁?

曾经写了一篇家访的周记，题目是《1 小时山路，4 小时大巴，27 小时火车，这是她的大学路》，转发朋友圈后，好几个朋友留言:“27 个小时,不是吧,她为什么不坐高铁?”

看着这个留言，我内心突然感到一阵酸楚。

为什么不坐高铁?因为同样的里程，高铁的票价比硬座要多将近 500 元，从小在富足地区长大的朋友可能没想过，这 500 多元对于一位家境困难的学生意味着什么。

叔本华说：“我们每个人都会将自己视野的极限，认为是世界的极限。”

“为什么?”

“居然会?”

“怎么可能?”

在一些人看来习以为常的事，很多人并没有经历过，或者并没有资格享受。

高一的时候，我从老家的小山城去了外市读书，周末一个同学约我去肯德基吃饭，我奇怪地问“肯德基是什么？”同学们诧异地望着我，“你居然不知道肯德基？”至今我都不能忘记那个惊讶的眼神。

大一的时候，老师让我们把作业在网上发给他，问我们有没有邮箱，我默默地低下了头，因为我从来都没有用过。然后那个下午我去了学校的电脑房，因为不怎么会用电脑，一个邮箱申请了整整一个下午。

研一的时候，和研究生同学，也是后来的闺蜜聊起去过的地方，她从小全国各地飞，还出过国，她惊讶于我到研究生了，去过最远的地方居然就是上海，更加惊讶于我居然没有坐过飞机。

……

时间已经过去很久了，同学们或许已经忘了当初的惊讶。但是对于当时的我，那种感觉却是刻骨铭心的。那时候敏感、谨小慎微的我，总觉得被异样的眼光看着。

其实，很多时候，同学们只是以他们的认知发出感慨，并没有恶意，比如我的那个闺蜜。那个发出“你居然没有坐过飞机”的闺蜜后来交了一个交大机动学院的男朋友。谈了一年后，闺蜜第一次去了男方家，回来后她几乎是跺着脚跟我说：“他们家的房子居然是泥土做的！他们家居然没有抽水马桶！”

我问她：“那以后你们怎么打算呢？”

闺蜜睁着她的大眼睛认真地说道：“当然是好好在一起啊，我的男友条件这么不好还凭着自己的努力考上了交大，我一定要好好珍惜。”

毕业后几年，他俩就结婚了，现在有一个特别可爱的女儿，平时由婆婆带着，闺蜜和婆婆也处得特别好。闺蜜说如果不是婆婆的培养，自己找不到这么优秀的另一半。

所以，当我做了辅导员后：

有同学们跟我说他没有用过PPT，我不会惊讶。有同学跟我说他是电脑高手，我也不会惊讶。

有同学跟我说他没有坐过飞机，我不会惊讶。有同学跟我说他从小全世界旅游，我也不会惊讶。

因为我知道：

在有些同学想着每月伙食费怎么控制在一千元以内的时

候，有些同学吃得起人均千元的自助餐。

在有些同学想着假期去哪里勤工助学赚学费的时候，有些同学想着哪里还没有旅游打过卡。

这些都无关同学的勤劳、无关善良，无关美丽。这只是成长背景和生活环境不同而已。这也并不会影响人生的精彩，生命的绽放。

这几天，有一个微博热搜很火：一个网友感慨居然有散装的卫生巾，这个感慨很快就上了微博热搜。说实话我也是第一次听说散装的卫生巾。但是，我不会再轻易地发出感慨：“不是吧，居然会有人用散装的卫生巾。”

《了不起的盖茨比》的开篇中说“每当你要批评什么人的时候，你要记着，这个世界上并非所有的人都具备你所拥有的好条件。”

我想把这句话改一下，改成：“每当你觉得想要批评什么人的时候，你要记着，这个世界上并非所有人都经历过你所经历的事。”

这也是我一直告诉自己以及想让我的学生们明白的道理。

在遇到和我们认知不匹配的情况的时候，希望我们都可以忍住不问“为什么？”“居然会？”“怎么可能？”。

不再随意评价别人的选择。不再恣意批评别人的过往。不再任意责难别人的生活。

而是能够以“同理心”来关注和包容别人；以“包容心”来理解和接纳别人；以“助人心”来温暖和善待别人。

要永远保有将心比心的能力，因为，这个世界上并非所有的人都经历过你所经历的事，无论好与坏。

遇到瓶颈了，怎么办？

学生小勇找到我，说自己的实验遇到了瓶颈。实验停滞不前，论文就发不出，毕业更是遥遥无期了。小勇非常地焦虑，对自己的能力也产生了怀疑，怀疑自己不是做科研的料子。

其实，生活中任何“大目标”的实现过程，往往都会出现瓶颈。但是，每次瓶颈出现的时候，都说明你已经很接近你所追求的目标了。

除了实验，大家在学习生活中遇到瓶颈的例子还有很多。比如，辛辛苦苦减肥、体重却不再轻了，努力学习但成绩仍不理想，论文多次返修依然被拒绝等等。遇到这些瓶颈时，很多人往往会变得十分焦虑、手足无措，甚至开始自暴自弃，对自己的能力产生怀疑。

遇到瓶颈时，负面情绪只会让我们越陷越深，不能自拔。

想要摆脱瓶颈，需要怎么做呢？小勇的下一步行动应该是什么呢？

首先，做个暂停，调整心态。不骄不躁，认真审视问题，分析问题，总结原因，突破瓶颈。要知道，遇到瓶颈意味着你已经接近了真相。每一次关键障碍的突破，都预示着你未来一段时间坦途。所以，遇到瓶颈时，首先要调整自己的心态。对于小勇来说，他可以把实验暂停一下，给自己一个调整的时间。

然后，从具体的细节中跳脱出来。冷静下来找原因，分析遇到瓶颈的原因是什么。把挫折和烦恼暂时放下，以局外人的眼光客观地审视这件事，这将有助于冷静地分析原因。是内部原因还是外部原因？是做的努力不够多还是努力的方向错了？以论文被期刊拒稿为例，是论文与所投期刊特点不符合？还是创新点不够突出？对原因作出深入分析能够带来巨大的收获，更是突破瓶颈的关键。这个时候，小勇可以寻求帮助，尤其是向研究生的导师以及同门的学姐学长们寻求帮助，听听他们的建议。

找到原因后，要做的就是对症下药，作出相应的调整，然后继续努力。坚定不移的恒心和毅力也是突破瓶颈的重要条件。心理学研究表明，当人们追求一个目标、做到一半时，常常会对自己能否达到目标产生怀疑，这样就容易导致半途而废；心理学上称之为“半途效应”。为了避免半途而废，处在瓶颈期的你不妨肯定一下自己业已做出的努力和取得的小小成功，然后以坚定的信念继续前进。

你是不是也特别敏感？

小丽给我私信，说自己一直特别敏感，别人无意中的一句话都会很在意，甚至有时一个眼神都能体会很久，所以在平时和人相处中觉得很累，也特别辛苦。她很想赶走内心的这种敏感，但却做不到。

提起小丽说的“高度敏感”，我们很容易就会想到林黛玉。林黛玉就属于多愁善感、特别敏感的人。只是，不同于小丽只在内心琢磨，林黛玉就像是带刺的玫瑰，常常张嘴不饶人，结果是怼了别人，也伤了自己。

小丽一直觉得自己很特别，实际上，在脑神经科学领域高度敏感的人群有自己的专属名称，即 HSP（Highly Sensitive Person），他们占到了总人群的 15%—20%，是一个相当大的比例。高度敏感只是一种性格上的特质，而不是常人说的“神经质”“有病”。

“高度敏感”最大程度源于完美主义。完美主义是指制定极高的个人标准，凡事都追求没有缺点，是一种做事要求尽善尽美并且伴随着批判性的自我评价倾向的一种人格特质。事实上，偶尔的“一定程度的敏感”在某些程度上是有帮助的，因为它能促使人类不断改变、发展自己，在面对挫折和障碍时，一定的敏感度会给人带来坚定的动机和向成功迈进的驱动力。

但是，长期的过度敏感容易导致自我否定倾向，在追求目标的过程中，会给他人和自我带来不利的影响，并时常伴随焦虑和自卑等行为表现。经常性的过度敏感容易使人专注于失败，自我怀疑、自我批评，因而带有过度严厉的消极自我评价倾向。

要解决人际敏感这个问题，应该积极采取措施，减少人际敏感给生活带来的困扰，使身心朝着更加积极健康的方向发展。对于小丽等同学而言，她们具体可以尝试以下几点措施和方法：

第一，接纳自己的不完美。

众所周知，人或事或多或少都是不完美的，我们必须承认这个事实。我们每个人都有追求完美的倾向，所以很难把自己身上脆弱或不完美的地方展现出来，而这些行为也往往让我们慢慢脱离真实的自己。当我们学会接纳和认可自己的不完美时，我们才会慢慢变得自信，变得坦然。

第二，尽量减少外部关注。

心理学上有“探照灯效应”，即人们容易高估别人对自己的行为和外表的关注程度。生活中许多人都会高估他人对自己的关注度，有人甚至肯定地认为，自己说话或做事存在不当之处，从而在别人面前感到紧张和不自然。实际上，别人并不像他们所认为的那样，注意到他们的表现和变化。所以，请再淡然一些。

第三，多多遵从自己的内心。

学会从密闭的圈子里跳出来，把注意力更多地放在自己身上，不必过多地追求外部认可，遵从自己的内心，慢慢学会拒绝别人。凡事多问问自己：这件事情真的是我想要去做的吗？这件事情，真的可以满足我的需要吗？我对自己很了解吗？当重新去审视这些问题的时候，我们会变得更加坚定，也慢慢会真正成为自己的主人。

你是不是也很忙，很焦虑？

开学第一个月，是和学生谈话最多的一个月，尤其是新生们。他们跟我交流时，大部分都说自己开学好忙，要适应新的环境，总觉得事情做不完，十分地焦虑。

开学时，有繁忙的课程，繁多的会议、培训，还有一做就要做一天的课后作业。每次做完一件事，就马上有下一件事需要去做，感觉事情永远也做不完。总结起来就是："事情好多，我好忙！我好焦虑！我好累！我太难了！"

其实，开学周"娘亲"也是很忙，很焦虑，感觉每天有做不完的事。昨天晚上，社会实践答辩后回到家，和孩子小熊玩卡片文字游戏。

小熊突然拿起一张卡片问我说："妈妈，你焦虑的事情能够改变吗？"

我说不能，他问："既然不能改变，你焦虑什么呢？"

我又说："假如能够改变呢？"

他说："能够改变你又焦虑什么呢？"

突然觉得小小的文字卡片，却蕴含着人生的哲理。是的，忙是无法改变的。我们唯一可以改变的，只能是自己对待事情的心态。

美国社会心理学家费斯汀格（Festinger）有一个很出名的论断，被人们称为"费斯汀格法则"，指的是生活中的10%由发生在人们身上的事情组成，而另外的90%则由人们对所发生的事情如何反应决定。前10%的事情是客观发生在你身上的事情，但这10%的事情却影响了你的心态，于是，后90%的事情都会被你的心态影响。

举一个身边同学的例子吧。同样的期末四场考试，有位同学因为第一场没考好，耿耿于怀，导致后面的考试没有发挥出自己应有的水平；而另一位同学，他第一场考试也考得很差，甚至比前者更差，但是他很快调整了自己的心态，后面三门考试发挥出了自己应有的水平。这两位同学的前10%都一样，却因为心态的不一样，导致后90%的结果完全不一样。

忙碌，我们是无法改变的。焦虑，我们却可以改变！其实，大家以前也很忙，只是因为习惯了那时的忙碌，每日按部就班地解决手头上的事，所以并不觉得焦虑。现在，面对新生活因为还不适应，每日要做的事情还很陌生，所以觉得焦虑。焦虑很多时候是我们给自己施加的一个心魔。

当下，最重要的是着手于眼前应该做的事，不要让以前已经发生的事情，和未来没有发生的事情影响现在的自己。真正做到立足当下，你会发现，这么多的事情，慢慢处理起来，也会得心应手。

自制力差，怎么办？

“自制力差怎么办？”不管新生还是老生都会有这样的困惑。说好晚上学习，结果又宅在寝室玩游戏了；说好减肥，看到奶茶还是忍不住了；说好的周末早起，最终还是在床上赖了一上午。

其实，在这里，我们需要明白“自制力差”的原因是什么？按照事件的内外因分类，自制力差的外部原因在于缺乏监督、诱惑太多等，但是内因是事物变化发展的依据，我们需要从自我内部进行反思。

在我看来，自制力差的内因在于认知能力不足，这里的认知能力包括对外界的认知能力以及对自身的认知能力。由于认知能力不足，很多同学出现了目标不明确的问题，即使确立了目标，也无法长期坚持。想要提升自我认知，最重要的就是重新认识自己，明确奋斗目标，并且找到兴趣所在。

讲到这里，可能同学们又会疑惑："我也知道目标很重要，道理都懂啊，可是就是不知道怎么定目标，该怎么办呢？"

对于大学生尤其是低年级同学来说，我一直觉得在没有找到明确的目标和方向之前，最主要的就是"好好学习"。有些同学可能会对自己的专业不感兴趣或者找不到未来的方向，于是就开始放纵自我，殊不知很多机会就这么丧失了。从近的说，例如转专业，因为一般大学对转专业的学生都要求成绩排名前 50%；远一点看，例如将来的保研，学校要看前三年的绩点汇总，千万不要"一放纵成千古恨"。

所以，最主要的是什么？只有好好学习，才有资格说这个专业是否适合自己，也有很多同学认真学习本专业后，发现喜欢上了自己专业。所以，认真请"从头开始"。

讲到目标，还有一个"SMART"原则推荐给同学们。

"SMART"是由五个英文单词首字母组成的。

"S"代表"specific"（具体的），意即目标需要是明确具体的。

“M”代表“measurable”（可衡量的），指的是目标最好是可以定量的，不是定性的。

“A”代表“achievable”（可实现的），意即你的目标可行性有多大。

“R”代表“relevant”（相关的），意即设立的目标要和自己的目的相关。

“T”代表“time-related”（有时限的），意即明确目标完成的时间点。

举个简单例子，假如你只是说“下周我要多背单词”，那么到下个月底你很有可能会发现，你还是和往常一样，好像根本拿不出时间去背单词。假如你的计划改为“下周，我每天要背20个单词”，那么你的目标和计划就很符合“SMART”原则。而你在执行这个计划的过程中也会很容易发现偏差，并能够及时对计划进行调整。这样一来，你不但能够轻松自如地执行计划，甚至还有可能提前完成或超额完成自己的目标。

我们在设立目标的时候，不要盲目，要尽量使其与我们的目的具有相关性。比如一个想读研的同学，他制定的目标却几乎都是关于实习就业的，那这一计划就与自己想要达成的目的南辕北辙，跑题跑得太夸张了。因为与目标的相关程度非常低，所以需要重新制定计划。

好的目标是成功的一半，制定目标请“SMART”一些。

人生的意义

这周的思修课跟同学们谈论的话题是“人生的意义”，备课期间我再次想起了之前和学生许珂迪关于这个话题的交谈。

时间回溯到 2017 年 6 月，那时候珂迪是大一的学生，我在学院做征兵宣讲后，他主动报名参了军。关于从军的原因，他说想去军营磨炼自己的意志。珂迪的身体素质一直很好，所以征兵各项体检都很顺利，当年 9 月份他就顺利应征入伍了。

在军营期间，我和他也保持联系。因为军营里严格控制手机等设备的使用，所以联系是断断续续的。2018 年 10 月，他当兵一年后，我跟他再次谈起了当兵的初衷，珂迪跟我聊了很久，让我印象特别深刻的是，他问了我一个问题，“人生的意义是什么？”。说实话，这是我做辅导员以来第一次有一个学生这么认真地问我这个问题，也是第一次有学生这么认真地和我探讨这个问题。

珂迪认真地跟我讲起了他的心路历程。

2016年9月，他第一次踏入交大思源门，看到偌大的校园，感受到的是所谓自由的气息。可是问题很快便来了——他失去了前进的动力，不知道自己继续学习下去，尽头在哪里，目标是什么，对于自己的未来感到迷茫。

于是他开始对学习产生了厌倦感，转而把精力放到了网络游戏上。游戏、翘课、外卖，他的大一生活就这样平淡而又可笑地过去了。幸运的是，在大一末的某一天，他突然“苏醒”了。

回顾自己一年来的收获，答案竟然是“几乎为零”。

于是他选择了投笔从戎，想用军营生活磨砺自己的意志力，养成自律的生活习惯。当然，最重要的还是想用两年的时间来找寻自己人生的方向，让自己不再彷徨和迷茫。

“人生的意义是什么？”珂迪说当兵后，他一直在思考这个问题。从前的他往往苦恼于没有奋斗的动力与坚持的毅力，并且盲目追寻着人生意义，仿佛不厘清这个问题生活便无法继续。

然而，在一次深夜与部队指导员的谈心中，指导员的一句话撼动了他的灵魂。

指导员对他说："一个人没有必要在某一个时刻非要弄懂人生的意义，因为这本来就是一个终生追寻的问题。对于现在的你而言，人生的意义需由自己创造。"

细细想来确实如此，不管什么时候，我们所能做的不正是做好身边的每一件事情吗？

与其说是珂迪问我人生的意义，不如说他和我分享了他找到"人生意义"的过程。

我已经忘了我还跟他聊了什么，但是我非常清楚地记得当时我给他快递了三本对我自己影响蛮大的书。

一本是讲述习近平总书记在梁家河时光的《习近平的七年知青岁月》，一本是路遥的《平凡的世界》，还有心理学家维克多·弗兰克尔的《活出生命的意义》。

不管是《习近平的七年知青岁月》中的总书记，还是《平凡的世界》中的主人公孙少安、孙少平，他们都在年轻的时候有过迷茫，但他们最终都在迷茫中得到了成长，完成了蜕变。

我们这一代的青年很少会遭遇苦难与挫折，这也导致了很多人自始至终无法摆脱身处迷茫之中的无力感。所以，书中人物的经历或许能给珂迪一些启发。

两年军营生涯很短又很长，经过磨砺的珂迪又返回了交大校园，重新开始校园生活的他一改以往的生活态度，秉持着“努力做好每一件事”的原则，将最饱满的热情投入到学习、工作当中，在各个方面都取得了不错的成绩。

这个月初他还承接了上海华育中学的军训任务，展现了交大学子的风采。

在这次备课的时候，我再次想起了之前和他关于人生意义的交流。这一次，换我问他这个问题：你觉得人生的意义是什么？

珂迪给我发了这样一段话：

“人生的意义是什么？”小时候的我认为人生的意义是自由，是无拘无束；当兵前的我认为人生的意义是活着，欣赏沿途的风景；当兵后的我认为人生的意义是创造属于自己的意义。

其实所有的说法都是正确的，因为人生的意义本来就是专属于个人的终极问题，我们怎么想，答案就是什么。

在人生的每一个阶段，或许对于这个问题会有不同的理解，可不断追寻答案的过程其实就是我们努力生活、渴望进步的证明。

或许，我们很难在大学阶段就明确未来的方向具体在哪里，我们能做的就只是扮演好自己的“角色”，脚踏实地，努力把当前的事情做好，在未来才能有更多的选择。

生命旅途，你只需要成为你自己

人生的旅程很短暂。在这过程里，重要的不是输赢，而是我们每一天的收获，是内心的丰盈和充实，是明确的方向、可行的方法和坚定的行动。你要相信，除了你自己，没人能够定义你。

你应该懂得，你要的和别人不一样

收到一位学生的留言：“娘亲，为什么我读个大学会这么累？”

小C来自上海一个二本学校。他看到其他同学过得潇洒，随心所欲，而他除了上课，其余时间都在背单词、写作业，下课就回寝室或者去图书馆学习，还要处理部门里的一些事情，玩的时间几乎没有，一天下来就“累成狗”了。

小C也想过不去学习，但是又怕六级分数低、基础知识差影响以后专业的发展。我将小C的问题匿名发到我们的小编群，听听大家想法，小编们七嘴八舌地谈论开来了。

研究生小编说：“他还没读研呢，读研更累。”刚脱单的小编说：“让他试试交女友吧，就会觉得自己现在很‘享受’”。有的小编开始抱怨起部门的杂事，也有小编觉得身边大多数人的大学生活貌似也是这么忙过来的，需要学会取舍。

这时，有位小编说道：“他应该懂得他要的和别人不一样，短时间看不出差距，慢慢地就不一样了。”

群里突然就安静了。

是的，小 C，你应该懂得你要的和别人不一样！每个人想要的东西是不一样的。你应该问问自己，到底想要什么：想要一个充实、有目标的大学生活，还是一个潇洒、混沌的学生生涯？

上过大学的人都知道，大学几年想要怎么过完全看自己。也没有所谓的“对错”之分，而是看自己的个人目标。如果大学期间一直玩游戏，想干嘛就干嘛，将来回忆起大学生涯不后悔的话，确实很洒脱，但是人和人是不一样的。

正如小 C 后面和我私信的，他想要的是学好专业知识，尽可能去考研深造。那么，小 C 的大学就不可能在晃荡中度过。但是这里，“娘亲”还是想给小 C 几个建议：

一是学会取舍。如果一些学生团体、部门确实不适合自己的话，就果断退出。尝试加入一些和自己目标相近的学习小组。

二是努力提高效率。找找提升学习效率的办法，例如预习、复习，或者利用零星时间等。此外，找到志同道合的小伙伴一起学习也不失为一个好办法。

三是把学习变成一件快乐的事。虽然对于我们大多数人来说有点难。我们中国人经常想的就是“先苦后甜”——现在多受苦，将来就会幸福了。常常想以现在的“苦行僧”生活来换取未来幸福安逸的日子。

事实上，永远不会有一劳永逸的时刻，要学会享受当下，把学习变成一件快乐的事。可以尝试设定一个个小目标，例如背诵英语单词，一周背诵100个单词，一个月就是400个，在不断实现小目标的过程中获取成就感和满足感。

我们每个人的成长背景和生活环境是不一样的，没有完全的可比性。小C，对于你来说，你应该懂得你要的和别人不一样，做好自己就行了，别人如何，关我何事？切勿因为别人而自乱阵脚。

我情愿失败也不想退而求其次

故事要从去年暑假的保研夏令营说起。一个外校的学生小丽报考了交大的推免夏令营，当时选择了一个非常“热门”的老师。由于小丽自身科研经历不突出，她与同样报考的其他同学相比，竞争优势不明显，但是如果换一个老师，推免的机会就很大。

小丽微信公众号私信问我建议，我俩加了好友约了当面交流。我跟她分析了利弊，让她听从内心，但是也坦诚地告诉她，如果是我，我肯定是先进交大再说。交谈最后，小姑娘说：“我的爸妈也是这么觉得的，但是我只想选自己喜欢的实验室，自己感兴趣的老师。我情愿尽全力一试也不想退而求其次。”虽然小姑娘向我请教，但是我觉得她来之前已经有了自己的想法。

最近看了北师大张同道教授拍摄的纪录片《零零后》。

这个片子从2006年开拍，一拍12年，讲述了18个“00后”孩子的心路历程。虽然一些评论说这个片子反应的是家境较好的孩子的故事，并没有太大现实意义，但里面那些孩子的选择其实非常有代表性。

当中的男主人公，“孩子王”池亦洋走上了职业橄榄球的学习之路。女主人柔柔最后选择了从事教育。

纪录片的采访中，导演讲道：“这群‘00后’学生不一定想当官，不一定想发财。人生有那么多好玩的东西，我打球行吗，我下棋行吗，我画画行吗，我拍电影行吗，我为什么非要去发财当官呢？”

恍然间我就想起小丽，昨晚私信问她是否后悔当初的选择，不出所料，对于去年做的那个的选择，她真的没有后悔。现在，小丽在一个中学做老师。她说有机会还是想试试考研到交大。

小丽不是“00后”的学生，但是很接近，是1997年生的，家里的条件不像纪录片里的孩子那样那么优越，但也是不愁吃不愁穿的。

看到小丽的回复，我既佩服也欣慰。作为一名“80后”，说实话我的内心还是偏于保守，例如那个夏令营的选择，我就会和小丽爸妈一样做先进交大的决定。在我看来，名牌大学是第一的，兴趣是其次。但是小丽不同，她觉得自己有选择的自由，有做自己最喜欢的事情的权利，也有承担后果的勇气和坦然。

从去年开始，大多数的大学生都是“00后”了，说实话从这些学生身上我看到了很多不一样的东西，那些闪闪发光的东西。

学院有次讲座，暑假去北京兴隆观测站的王佳琪分享了她的体会。佳琪是上海交大招收的第一批天文学专业的同学，她的父母曾经希望她报考轻松一些的专业，但是她还是坚定地选择天文，因为她喜欢脚踏广袤的大地，也喜欢仰望浩瀚的天空。

去年，在交大，和佳琪一样选择天文专业的一共有八名同学。旁人或许是困惑的，但佳琪却觉得自己是幸运的。

佳琪说暑假期间她个人印象最深刻的，是站在古观象台城楼上的那一刻。中国古代的天文观测事业曾经非常辉煌；在现代，经过了几代天文学家的努力，我国的天文学科奋勇追赶，但是和欧美国家还是存在一定的差距。作为天文系的第一批本科生，她深感肩负责任重大，也觉得干劲十足。

近些年来，“娘亲”见到了越来越多像小丽、佳琪这样的同学，他们将传统的想法抛诸脑后，不再选择社会普遍认为的“好”工作，而是有自己的目标与坚持，并且为之奋斗，希望能够在自己喜爱的领域做出属于自己的成绩来。

这是一个生活方式越来越多样化的社会，也是一个越来越包容的社会，人们可以在其中尽情发挥自己的才智，追求自己的梦想。

就如张同道导演说的：“这群孩子长大，他对钱没有多大的概念，他对权力也没有多么深刻的渴望，这才是正常的一代人。当他代表中国跟世界去打交道的时候，他是自信的。”

在此，“娘亲”也希望同学们能够敢于尝试，勇于坚持，不忘初衷，将想法付诸行动，在自己喜欢的领域做出自己满意的成绩。

我曾经以为非A即B，后来发现还有C和D

小勇最近很沮丧，因为一心想留学的他最终没有斩获“offer”（录取通知），现在的他只能隔一年再申请，这并没有在他原先的计划中。从小到大，他都是那种目标特别明确，又总能如愿以偿的人。

小学时，他想进当地最好的初中，通过努力他成功了。

初中时，他想考进省重点，又如愿了。

高考后他也不出所料考进了梦想的交大。

一直以来，小勇总坚信“有志者，事竟成”，申请出国留学也一样，他没有给自己准备“失败”的选项。自己成绩那么优秀，科研项目那么多，况且还申请了好多学校，怎么可能会“全挂”呢？

这次的挫败让他有点措手不及。

看着小勇打下一连串不可思议的微信表情包，我想起了高中时候的自己。我跟小勇说我曾经的座右铭也是“有志者，事竟成”，高中时甚至把这句话抄写下来贴在了寝室的墙壁上。我常常用项羽破釜沉舟打败秦军的故事鼓励自己，希望自己高考的时候能够如愿取得好成绩。

但是后来我发现“有志者”并不总是“事竟成”。如果成功用 A 表示，失败用 B 表示的话，那么人生不总是“非 A 即 B”，有时候它还会有 C、有 D。

人的一生很漫长，总有成功或者失败的时候，不会总是“起”，而没有“落”。

比如，那个我视为 20 岁之前最重要的事情的高考，那个打满了无数鸡血、灌满了无数鸡汤的高考，并没有取得尽如我意的成绩。

随着年龄的增长，我对“有志者，事竟成”“心有多大，舞台就有多宽”这类的格言警句越来越持有保留态度，因为这些语句好像只允许“成功”，不允许“失败”。

人们常说成功需要“天时、地利、人和”，很多时候，仅仅靠人的努力是远远不够的。虽然条条道路通罗马，但很多人他就出生在罗马。在中国的“望子成龙，望女成凤”的教育中，家长和我们都对“个人”提出了太多的期望。在成长过程中，我们接受了太多的鸡血教育，太多的成功学，但却缺乏“失败”的教育。

就读研究生期间，我遇到了很多瓶颈，尤其是科研的烦恼，甚至让我有点“癫狂”。和研究生导师交流，导师送我一句话，“达则兼济天下，穷则独善其身”，让我豁然开朗。这是多么睿智的一句话啊，人的一生总有得意的时候，也有失意的时候，当我们有能力的时候就努力帮助身边的人。当我们失意的时候，就退而织网强大自己。从那时起，我就把这句话当作我的人生格言。虽然没有“有志者，事竟成”那么鸡血，却能给我一种平静、振奋的力量。

所以，我想跟小勇探讨的不仅仅是这次留学申请失败本身，而是更进一步地，如何看待“付出”和“收获”，“成功”和“失败”的话题。

哈佛大学的幸福公开课中，老师泰勒·本·沙哈尔博士在“完美主义”一节讲道，“完美主义者关注的重点永远是A或者B，即要么‘全部’，要么‘没有’，也就是要么成功，要么失败”。

完美主义者的人生就是这样的循环：努力然后成功，

之后给自己一点点时间放松，接着继续努力、成功，放松一会儿，继续努力、成功，放松一会儿，继续努力……他们就像一直往前爬的老鼠，几乎不停顿，最终会让自己透支，筋疲力尽。

沙哈尔博士提出，为什么不可以改变思考方式，不再做那一个追求“绝对成功”的完美主义者，而是成为一个“卓越主义者”呢？在追求过程中，有很多的C和D，会有曲线，甚至有后退，更重要的是享受过程。

这并不是说卓越主义者不追求成功，只是他们在追求成功的过程中允许失意，甚至挫败，他们渴求的不是成功后短暂的满足，而是享受人生奋斗过程中不断前行获得的满足，享受人生旅途的每一天。

对于每一个人来说，失败都是不可避免的。小勇就是一个典型的完美主义者，在他看来，申请留学，要么是成功，要么就是失败。但是，他没有分析这次申请失败的客观原因，例如这几年中美关系紧张，对留学生也有一定的影响。

还有，申请留学时的经验总结都是小勇明年继续努力前进的宝贵参考。

失败是成功之母。失败本身不能导向成功，导向成功的是对于“失败”这件事情的分析，在研究的基础上，吸取教训、继续前行。我觉得对于小勇来说，更重要的是改变对事情的看法和态度，用追求卓越告别追求完美，学会享受努力的过程。在这里，老师也把“达则兼济天下，穷则独善其身”这句格言转赠给他，希望他在这段过程中退而织网，继续努力，也祝他明年申请顺利。

我不打算努力了

昨天和以前的医学生小勇聚会，曾经的小小医学生已经成长为一名可以独当一面的“准”医学博士了，明年即将毕业的他却心生感慨。

小勇来自一个普通的农村家庭，从小到大都是靠自己的奋斗才一步步成为交大的博士生。小勇说毕业后也纠结过回老家还是留上海的问题，觉得上海的发展平台更大，虽然辛苦，还是想拼一拼。

“娘亲，毕业后要买房、结婚、生小孩，还得一直努力。学医已经很辛苦了，毕业了还是很辛苦，真的好累。我算了下，如果一切顺利的话，大概40岁可以评上外科副主任医师，到那时候，我就不打算努力了。”

小勇的这番话突然让我回忆起高中的岁月。那个时候，我读书特别用功，用功到三年几乎每个周末都在学习。在那个海边小镇，我给自己定了一个目标。考上一个名牌大学，然后就可以不努力了。

高考后，我并没有如愿进入名牌大学，于是又给自己定了一个目标，研究生考上好大学，然后就可以放松了。研究生进了交大，却发现身边的同学都很努力，我想毕业后找到一份如意工作，就正式放弃奋斗了。毕业后留了校，是自己喜欢的岗位，但是忙碌的工作、读博带娃，发现还是得继续努力……

我渐渐明白：人生永远没有一劳永逸的时候，很多时候我们都在幻想那个遥远的、诗画般的美好“未来”，但是却忘了看看沿途美丽的风景。现在我回过头来看学生生涯，回忆总是压抑的学习时光，似乎少了很多乐趣，而单纯的奋斗时光本该是多幸福的一件事啊。

幸好我明白这个道理的时间还不算太晚，虽然现在也有很多目标，例如早点博士毕业，例如多看理论书籍充实自己，但我再也不会把这些当作任务。其实，小勇以及大多数人都应该明白两点。

一，永远为了自己而奋斗。从小到大，我们听过太多次的一句话，就是学习是为自己学的。但是又有多少同学要么就是在家人的“威逼”之下，要么是背负着太重的家庭使命感在学习。学习要么是获得家长奖励的工具，要么是家族崛起的“任务”，背负了太多的身外之物。在这里能否多考虑自己呢?

二，奋斗永远在于过程。学习的时候，是否可以将目标简化，仅仅是因为学习本身而学。学习本身是可以带来快乐的，这种快乐在于解决了一个数学难题，在于写了一篇自己满意的论文，或者做了一个完整的实验。努力让学习本身焕发魅力。在这里，也可以将学习换为“奋斗”。奋斗本身就是快乐的，换言之，就是活在当下，享受每一个过程，让结果自然地到来。过程尽力而为，结果顺其自然。

这样，即使小勇 40 岁时没有评上副主任医师也能泰然处之。反之，如果小勇的心态不改变，即使评上了主任也会有新的目标，而不会开启内心深处的一劳永逸模式。人生漫漫，永远不会有一个终点。我们常说活到老，学到老，如果这个“学”的过程是痛苦的，那么这个“学到老”的过程可能就是一个噩梦。

老师和家长常说要把“要我学”改成“我要学”。小勇，这个时候，尝试把“要我奋斗”，改成“我要奋斗”。这个奋斗不在于终点，而在于每一个享受的过程。

请学会给生活按“暂停键”

小丽找到我，说自己很焦虑，事情怎么做也做不完。我问不是快暑假了吗？为什么这么忙呢？

小丽说暑假更忙：手上的科研实验还没有进展，之前写的论文也在修改期，还报名参加了学院的社会实践；同时，九月份还要考一个证书，暑假得准备；此外，假期还要继续学英语，可能还要去找实习。满打满算，假期就彻底没了。

小丽越说越焦虑，都快哭了。遇到这样的孩子，我往往是又心疼又同情，一方面为她的积极进取感到欣慰，另外一方面又为她焦头烂额的状态感到担忧。因为忙碌并不一定代表充实，事情多更不能代表效率高。

我和小丽说：“你可以急，但是不能慌，可以忙，但是不能乱。”

我让小丽先把刚才的事情理一下，什么是必须马上做的，什么是可以缓缓的。小丽纠结了半天做了下面的决定：必须做的是科研实验、论文修改、社会实践；可以延期完成的则是英语学习、实习、考试准备——？

其实，凭借我对小丽的了解，她一直是很认真也很努力的，是那种自我要求特别高的同学。但是，小丽总是逼自己太紧，经常让自己陷入一种焦虑不安的状态，反而适得其反。小丽的这个性格和我很像，一有事情就巴不得马上做完，不允许迟疑和拖拉，有时候压力就会很大。

事实上，我们都应该学会一种“能力”：一种有条不紊的能力。这种能力又包括：

一、区分工作重点的能力。就是让自己找出一段时间的“重点”和“中心工作”，也就是哲学上说的主要矛盾。对于小丽来说，发表论文是研究生毕业的基本要求，所以现在的科研实验就显得格外重要，暑假的时候必须全力以赴，实习可以等论文尘埃落定后开始准备，不然很有可能会得不偿失。

二、多线程处理问题的能力。我跟小丽说，科研实验和考试准备、英语学习是不矛盾的，可以同时准备。例如，小丽在做实验的时候，大部分时间只要在旁边待着，等试验结果出来就行，这些等待的时间就可以充分利用起来。在有限的时间内学会“一心两用”，就能高效率地完成更多的事。

三、调整和休闲的能力。前段时间，科研人员都在调侃“996”算什么，还有“711”呢！想抓紧每分每秒学习的心态值得表扬，但是不值得鼓励。我们常说“暂停是为了更好的出发”，所以这个暑假，我更建议小丽拿出一段时间回老家看看爸妈，陪陪家人。

我跟小丽说，现在还是学生呢，就忙得晕头转向，以后工作、结婚了，有小孩了怎么办？人生可不是短跑比赛，调整好自己的状态很重要。有舍才有得，所以，小丽，学会取舍，学会休息，让这个暑假过得舒心一点。

为什么“丧”得不行？你可能得了习得性无助

小勇坐在我对面，一直很沮丧。

“娘亲，我进大学第一个学期太放松了，所以期末考试一塌糊涂。后来，我也努力了，但是每次期末都异常紧张，我觉得我很挫败，我大学肯定都是这样了，没救了。”

小勇今年大二，进入大学后，学习这个在他以前生涯中游刃有余的事，变得那么“恐怖无比”。第一个学期的成绩给他造成了巨大的阴影，导致小勇不停地自我否认。

我看了小勇的成绩单，确实很不理想。马上就要学期期中考试了，他又开始陷入无比的自责和恐惧中，考试还没开始，他就觉得自己肯定考不好。

其实，我们学习生活中也会有这样一种情况：在经历过反复的失败和挫折后，面对问题时就会消极应对，觉得自己特别“丧”，即使努力也不会有任何改变，便开始听任摆布，选择自暴自弃。

我问小勇，有没有听说过一个名词，叫作“习得性无助”。小勇摇摇头。

“习得性无助”是美国心理学家塞利格曼研究动物时提出的。塞利格曼是美国的积极心理学之父，曾经出版过积极心理学三部曲《真实的幸福》《活出最乐观的自己》《认识自己，接纳自己》。

1967 年，塞利格曼用狗做了一项经典实验。起初他把狗关在笼子里，只要蜂音器一响，就给以难受的电击。狗关在笼子里逃避不了电击。多次实验后，蜂音器一响，在给电击前，先把笼门打开，此时狗不但不逃而且不等电击出现就先倒地呻吟、颤抖。本来可以主动地逃避却绝望地等待痛苦来临，这就是“习得性无助”。

在我们日常的学习生活中，其实也会有类似的行为。正如实验中那条“绝望”的狗一样，如果一个人总是在一项工作上失败，他就很有可能在这项工作上放弃努力。甚至还会因此对自身产生怀疑，觉得自己“这也不行，那也不行”，无可救药。

所以，在面对“习得性无助”时，我们该做什么呢？

第一，最重要的是改变思维方式。心理学大师埃利斯有一个著名的ABC理论。A是“Adversity”，也就是挫折；B是“Belief”，指的是对这件事情的看法与心态；C则是“Consequence”，也就是你会采取的行动或后果。在埃利斯看来，对一个人行为产生影响的不是事件本身，而是对事情的看法，就是ABC理论中的“B”。小勇其实应该看到，目前他的挫败感，更大程度上源于他对考试这件事情的恐惧和无助。

第二，具体问题具体分析，尝试正确归因。小勇如果把自己考试失利的原因归结于自己笨，缺乏学习能力，那么不断进行自我否认后，只会越来越“丧”。小勇应该对自己成绩失利原因进行全面分析，可以咨询任课老师、同学，或是进行自我分析，明确考试失利到底是由心理原因、学习方法，抑或其他方面的原因导致的。

第三，对症下药，采取行动。努力从自我否认的状态中剥离，直面让自己焦虑或者困难的事件。在小勇这里，就是在分析出学习问题出现的真正原因的基础上，改变认知，找到正确的方法，并且切实有效地付诸实际行动。

塞利格曼在实验中发现，即使经历过挫败，还是有少部分的狗，会勇敢地逃出牢笼。命运都有漏网之鱼，更何况是学习呢。小勇，对于现在的你来说，亡羊补牢，为时未晚。

没关系的，你不用一直坚强

昨天接到一个电话，电话那头的小丽泣不成声，我有点担心，问发生什么事了，小姑娘说刚刚补考完高等数学，躲到了校园一个没人的教室，整个人突然就崩溃了。

小丽是贫困专项进的交大，家庭条件一直不是很好，学习基础也相对薄弱，但是一直很努力。父母从小跟她说的最多的也是“我们家条件不好，你要懂事，要努力，要坚强”。

所以，小丽一直很努力。进入大学以来，她遇到了很多的困难，例如和同学巨大的物质落差，上课听不懂老师讲课，疫情期间的心理压力等等。但是这些她都扛过来了，因为她觉得自己没有资格崩溃。

高数补考后，她觉得能够通过，本来是一件高兴的事，但是却怎么也忍不住哭了，她问我自己是不是不够坚强？

在这个快速奔跑世界，好像每个人只剩下了坚强向上的权利，失去了悲伤的自由。

小丽的崩溃让我想起读博的那几年。因为没有脱产，上海和南京两地跑，经常当天来回，有好几次回到上海都深夜了。在职读博说实话压力很大，有一段时间甚至彻夜失眠，但是我一直告诉自己要努力，要坚强，千万不能崩溃。

但是崩溃还是来了。

那天晚上我从南京坐火车回到上海，然后挤最后一班地铁到了莘庄站，而回家的地铁五号线已经停开了。下车后，我想打的，却一直叫不到出租车，又不想拼车。结果路上的人越来越少，我一个人突然就忍不住哭了，甚至蹲下来哭到不能自已，哭到后面都吓到自己了。特别奇怪的是，哭好后我却如释重负。

面对负面情绪，或许我们都对自己和他人太过苛刻了。作为老师和家长，我总是告诉自己要坚强。而我们的同学们从小到大，家人说的最多的一句话，似乎也是“你要勇敢，你要坚强”。

人生很长，总是会有跌跌撞撞，总是会有不如意，我发现很多学生，包括我自己，是不懂得如何处理失意以及失意带来的负面情绪的。

我也见过太多的抑郁症孩子的家长，他们跟小孩说得最多的话，就是“你都是大学生了，为什么不可以再坚强些？”即使这个孩子已经严重到吃药物在治疗了。

我们常说要感同身受，要有同理心；但是我们也明白，其实人和人之间，很难做到真正的感同身受。

很多时候就是看似不起眼的小事，会使我们崩溃，比如小丽的高数后的哭泣以及我在地铁口的崩溃，这些其实都是长时间情感堆积的释放。

小丽的哭泣是她一年的学习压力的释放，而我的崩溃是我科研压力的释放。有些情绪或许对于别人来说没什么，但对于当下难过的我们而言，那就是最大的事情。

心理学家弗洛伊德曾说：“未被表达的情绪永远都不会消失，它们只是被活埋了，有朝一日会以更丑恶的方式爆发出来。”所以，有些时候，我们是不是可以不坚强？学习、生活、工作本来就不容易了，为什么不给自己的情绪找一个发泄口呢？

这几年，我给自己培养了一个发泄情绪的习惯，就是边跑步边听音乐。只要能抽出时间，我每天都会去操场跑步，然后一边跑步一边循环听自己收藏已久的音乐，在这段时间里，我觉得我是完全属于自己的，能把内心的负面情绪释放出来。

所以，我希望，你能给自己一段时间，在那段时间里完全的放空，可以去看电影，去打球，可以去跑步，甚至于大哭，完全地释放自己，然后重新出发。

我也希望，当你身边有人分享负面情绪时，你不要再轻易地说一句“你要勇敢，别难过”而是默默地听她诉说，然后加一句，“没事，你也可以不坚强”。

自由的时间里，也请克制自己

开学第一周，大四的小辉同学已经拿到了两个全奖留学录取通知。记得他放弃国内直博名额时，我还再三跟他确定，是否已经想好，因为一边有百分之百的把握，另一边出国申请还是未知。当时他说，他想试试，不后悔。

小辉的同班同学小慧最近正在忙着做毕业设计，在去年秋招中她以本科生的学历拿到了一家金融公司的战略岗位的录取通知，这个岗位此前录用对象基本为硕士、博士。与她同宿舍的小莹，毕业后就要去西部支教了，现在还马不停蹄地奔波于各类的志愿者活动。这是在交大，一些同学们的身影。

在为他们的收获感到开心时，我也在为其他的一些同学担忧着。这周一，我从教务老师那儿拿到了一叠的“退学警告通知书”，心情沉重，不停地和“退警”同学交流，不间断地和家长打电话。这也是在交大。

其中一名同学已经确定要从学校退学了。当初的他是以全省前几百名的成绩考进交大的，但是到了大学，学习成绩一塌糊涂，我们试了所有的办法，最后都没能挽救。学生父亲也很绝望。幸好这名学生的年纪还小，可以回去重新高考，希望亡羊补牢，为时未晚。

记得在2012年，有位老教师向我讲授工作经验时说，交大最大的特点就是“自由，包容、开放”，在这里，优秀的学生可以很优秀，但是如果学生想“迷糊”，也可以很“迷糊”。那时我还不懂这句话的含义，现在想来确实很有道理。

竞赛，实践，志愿者，在联合国实习，赴西部支教，去国外留学。

翘课，网游，挂科，拿到退警通知书，延期毕业，毕业后待业。

后者并不是不优秀，但的确走了一些弯路。曾几何时，我觉得这些同学是因为“目标缺乏”，所以放松自我，后来渐渐明白，和目标相比，他们缺乏的是“自控力”。

大一的时候，大多数同学都按部就班地上课，晚上去自习，周末还会泡在图书馆；而有的同学想，“好不容易考上大学，给自己放放松”，结果“放松”变成了“放纵”，熬夜、翘课，期末成绩及格飘过。

大二，同学们开始去实验室，参加社团的同学也忙碌起来；而有的同学想，“不如宅在寝室舒服”。所以大学这四年，待得最多的地方是寝室，吃得最多的是外卖，除了室友，班级同学的名字也叫不出几个。

大三，部分同学已经开始为毕业准备，出国、保研、就业，大家都觉得时间不够用，而有的同学想“既然已经大三了，反正努力也没用了，要不继续舒服一年吧”。

大四，大多数的同学毕业去向已经尘埃落定，有的同学补考、重修，如果幸运的话，可能还可以拿到毕业证书，但毕业就等于失业，想着或许让爸妈再养几年也挺好……

是的，这都是在交大。我脑海里常常会回想那位老教师的话，交大最大的特点就是“自由，包容、开放”。在交大，老师、家长会指导，会给建议，但是正如内因是人真正发展的依据，成为怎样的人最终只能靠自己。

这篇周记开头提到的小辉的例子可以给我们一些借鉴。小辉来自江西，当初借助农村专项的机会考进交大，基础并不好；后来选了物理国际班，英语一直是他的软肋，除了发音不标准，语法等基础也差很多。

小辉老是觉得自己不够聪明，所以在学习上总比同学花更多的时间，甚至勤工助学也是去图书馆坐班，可以插空看书。

虽然和大家一样，也会睡懒觉，也会有惰性，但是他总告诉自己，要更加努力，更加自律。他想毕业后继续求学，认定了目标就不放弃，所以大学前三年的成绩都在班级名列前茅。因为出国要考托福，小辉不停地刷题、不停地复习，考了整整六次，也确实崩溃过，最后终于考出了令自己满意的分数，105分。

泡吧、喝酒、翘课……这些看起来很“拽”的事，在大学一点都不难。只要想做，任何人都能做到。真正酷的事应该是那些看似“无趣”的事，比如读书、作息规律、坚持锻炼，看似简单，坚持几天容易，长时间坚持却很难。

而这也正是同在大学，大家的差距越来越大的原因。

在自由的大学校园里，希望你能学会克制自己，学会自律。

第一，给自己定一个目标。如果觉得以毕业为目标太久远，就给自己的每个学期定一个计划，例如学期末的成绩要多少，要考过四级或者六级等。

第二，交几个志同道合的朋友，大家一起相互监督，共同进步。志同道合的朋友是一起肩并肩前行的，而是不是一起“偷懒”的。

第三，努力行动。“行动”两字是最简单，也是最难的，因为谁都不想跳出舒适圈，但是自律的核心就是“可以控制自己，让自己不断行动”。

你的问题在于想的太多，做的太少

这些天，娘亲咖啡屋又迎来了些用烦恼换咖啡的同学，当中有位同学小源，给我留下了十分深刻的印象。

小源是一名大一的学生，他给我讲了很多他的困惑。例如，小源想读研，但是不知道以后要从事什么类型的职业，不知道 7 年后找工作怎么办。小源说他很迷茫，甚至有些焦虑，不知道该怎么办。

听到他的这些问题，我觉得有些诧异。因为小源担心的都是很遥远的问题，他的焦虑也都来自对未知的恐惧。

我问他："既然觉得焦虑，那你为此做出过什么努力吗？"

小源说："没有，感觉每天压力很大，对未来也很没有把握。"

我说："小源，其实你焦虑的根源不是对将来的未知，而是你想的太多，做的太少。”

听到这里，小源舒缓了眉头，轻轻地点了点头。

曾经有一个年轻的读者给杨绛先生写信，信中描述了诸多困惑，杨绛先生在回信中说：你最大的问题，就是读书太少而又想得太多。

其实，对于绝大多数人来说，除了读书太少，最大的问题往往是想的太多而又做的太少。

“罗辑思维”的创始人罗振宇曾经喊出一个响亮的口号——“成大事者不纠结”。细想下来，成功者大多都是执行力超强的行动派，他们不会原地踏步，设想所有可能发生的情景，而是马上行动，在行动的过程中去解决问题。

在这里，我想给同学们，尤其是低年级的同学几条建议：

一是定好目标，不断接近。我经常会跟同学们说要做好未来的规划。但是我们也清楚，方向可能是会变的，如果现在就无比纠结 4 年或者 9 年后的工作（本硕博 9 年），可能就会陷入焦虑的恶性循环中。当下最重要的，是明确自己近期要完成的任务，每天按部就班地向着自己的目标努力，这样每天都会过得很充实。

二是立足当下，脚踏实地。要善于寻找适合自己的学习方法，尤其是低年级的同学，要尽快实现从刚入学时的新奇、憧憬、充满幻想到踏实、静心、脚踏实地的转变，在学习中变“被动”为“主动”，只有这样才能更好地适应大学生活，更快地融入新的环境。

三是积极主动，合理审视。开学已经两个多月了，大家也基本适应了疫情后的学习。大学所学的内容不局限于老师所讲和书本教材，同学之间的讨论交流、学术讲座、社会实践等都是促进自我发展、丰富自身学养的有效途径，要善于充分利用资源，将所学的知识有效地消化、整合，才能“更上一层楼”。

所以，我给小源的意见是，不要想那么多“够不着”的事，现阶段要做的就是好好学习，认真掌握所学知识，力争在专业课上取得理想的成绩。如果学有余力，还可以多参加活动竞赛等，在活动中丰富自己的大学生活。

我们为什么这么在乎别人的看法？

最近“娘亲”收到好几个类似的提问，都与“太在乎别人的看法”有关。

女生小思被一个男生说胖，然后懊恼了很久，总想着减肥，但最近是期末，复习比较紧张，没有时间运动。男生小源因为做不出一个简单的题目，被室友随口说“这么笨”。他一直郁闷，就想找个机会证明自己不笨。

小思和小源都说，自己特别在乎别人的看法。听着他们的倾诉，我脑海里突然浮现一幅图片：两个人与一头驴，因为路上一直因为别人的评价改变自己的做法，结果自己很被动。

其实，我之前也是特别在乎别人看法的人，经常会因为旁人一句无意或者刻意的话懊恼很久。这样很辛苦，但是也很难改变。后来在跟心理学专家陈医生聊天时，讲起这个话题。他很认真地说，如果别人想伤害你，你受伤了，那么别人得逞了。如果别人不想伤害你，你受伤了，那么你就很无辜。其实，别人伤害不了你，关键是触发了你自己的情愫。

“别人伤害不了你，关键是触发了你自己的情愫。”我仔细琢磨陈医生的话，回想这次小思和小源的困惑，这也未尝不是自我投射呢。对于小思，另外一个男生可能就是随口一说，但她个人觉得胖就是自己体型不好，体型不好就是不漂亮，所以就要开始减肥。小源可能也是对自己的能力不自信，心里恐慌，总觉得自己被说“笨”，就是和同学们相比笨很多。

心理学上有两种价值感。一种是价值条件化，即认为自我的价值感来自别人的评价，跟随着别人的感受改变自己，迎合别人。另外一种价值感来自机体性的评价，是自我的真实性表达，围绕自我的感受，证明自我的存在。

太多时候，我们只关注了第一种价值感，过于在乎外在的评价，将评价自己权利交给了别人，认为自己的好坏由别人决定。其实更多时候我们应该把注意力多放在自己身上。况且很多情况下，别人的看法也是我们自己想象出来的。“如果我不减肥，‘ta’是不是会觉得我很糟糕？如果我没有机会展露自己的智力，‘ta’是不是会觉得我一直那么笨？……”

但事实上，我们没有那么多的观众，并不是世界的中心，很少有人会仔细长久地观察我们。这样想能够帮助我们集中精力在自己真正需要专注的事情上，避免陷入丰富的“内心戏”无法自拔。

杨绛先生在她百岁的时候，曾经写过这样的文字：“我们曾如此渴望命运的波澜，到最后才发现：人生最曼妙的风景，竟是内心的淡定与从容……我们曾如此期盼外界的认可，到最后才知道：世界是自己的，与他人毫无关系。”

所以，下次再因为别人看法过于自恼时，记得要及时阻断，减少自我投射。

你是否也登上了并非自我选择的舞台？

“我们登上并非我们所选择的舞台，演出并非我们所选择的剧本。”这是昨天小思给我推荐的罗翔讲座里面的一句话。

从小过着比较“艰难”的生活的小思每每讲到这句话时都会变得哽咽：“娘亲，我知道每个人都有自己的苦恼和困楚，但这并不代表个人的痛苦可以被忽略。”听着她的倾诉，看着她难过的样子，我很心疼。

听过、看到过、也了解过很多还在花季就已经有过“特殊经历”的学生，有时候真的由衷地佩服他们。

小 A 在很小的时候父母双亡，只能和年老多病的爷爷相依为命。

小 B 的父母因为感情不和很早就离异了，父亲还常常嗜酒。

小C虽然家庭完整，但是父母貌合神离，在记事以来全家人就没有一起出去吃饭、游玩的经历。

在大多数人看来，在这样的家庭中长大实属“悲哀”，这样的环境也着实让人压抑，但他们却像悬崖上的花，坚忍不拔，努力茁壮生长。有时候，我觉得“经济困难”其实是最低层级的考验，因为物质匮乏更多意义上是肉体的痛苦，但是精神的困扰却是长久的折磨。每一个有过类似经历的同学都明白，要想取得一番成就，就得比一般同学付出得更多。

其实“我们登上并非我们所选择的舞台，演出并非我们所选择的剧本”这句话并不是罗翔说的，而是古希腊哲学家爱比克泰德说的。

他的那句原话是：“要记住你只是剧本中的一名演员，剧本的长短，由编剧决定。无论他要你扮演一名穷人、瘸子、统治者、还是普通人，你都应该全力以赴来演好这个角色。选择什么角色是别人的事，你的使命就是扮演好赋予你的角色。”

虽然有点宿命论的意味，但是很多时候，很多事情确实不是我们所能掌控的。比如，我也不知道为什么2002年我爸爸会出车祸变成植物人；比如，我们谁也没设想过突如其来的新冠肺炎疫情会在这一年让我们经历这么多。我们很难预知很多很多的天灾人祸。

成长过程中，很多事情都不是我们所能掌控的，很多时候会有很多伤痛和坎坷，而这恰好就被我们碰到了。记得父亲生病后，有些人安慰我“这个苦难是你人生中的财富”。其实我真的很想反驳，我并不需要这种财富，我也不想要这种成长。但是没有办法，事情发生了就是发生了。

说了这么多或许还是逃不开心灵鸡汤，我想和同学们说，我们改变不了困境，但我们可以勇敢地对妥协和困境说“不”。剧本虽然不是我们能够选择的，但我们可以选择把手中的剧本演好；人生的舞台也不只是一个，多尝试几次或许在其他地方也可以找到康庄大道。

即使手上烂牌一副，也要努力把这副牌打出花样和精彩；就算打不好，那又怎么样呢？人生的旅程其实很短暂，在这过程里，重要的不是输赢，而是我们每一天的收获，是内心的丰盈和充实。

结语：希望每个“个体”都被看见

2020 年是魔幻的一年，新冠肺炎、开展网课、复工复学……突然就这么迎来了尾声，让人不禁恍惚和不知所措。疫情直到现在还在影响着我们。这一年里太多的未知让我们深感时间的宝贵，也让我们更加珍惜当下。

珍惜当下，我们也开始追溯和反思。“娘亲”从 2010 年开始做兼职辅导员，2012 年正式留校，算起来在一线工作也有 10 年的时间了。十年间，我一直跟学生在一起，同进步，共成长。一直以来都觉得自己很了解大多数的你们，但是，回望这一年才发现，我还有太多太多的工作需要做。

比如说，这一年，我才了解到你们中很多人在大学里其实并不快乐。这种不快乐一方面源于外在，过于开放的大学氛围让很多同学迷失自己，找不到目标；另一方面也来源于自身，高中时成绩拔尖的自己在大学变成了中游。

比如说，这一年，我才了解到并不是按部就班的路线才算是成功。作为思政教师，好像从你们入学之初，就一直在强调努力学习、努力取得好成绩、努力直博、努力保研。我总是督促你们走向我觉得正确的道路，却很少关心你们在努力的过程中辛不辛苦，累不累。

比如说，这一年，我才了解到交大的学子也可以做个普通人。

一位清华大学的学生分享了一篇文章给我。他和我说，清华每年都举办的特等奖学金答辩，在各种报道里都是“神仙打架”，这让整个社会误以为每个清华学子都是这种大牛。但是很多清华学子其实除了“清华学生”这个身份外，也都只是普通的个体。

我们总是能从官微、各种宣传上看到各类优秀的学生。平心而论，做辅导员以来，我关注最多的是两个学生群体。

一类是常规意义上比较优秀或者活跃的同学。他们会主动找我们交流。另一类是可能有困惑的同学，比如在学业、心理等方面遇到困难的学生，我们会联系他们提供帮助。

然而我们却在无意中忽略了除这两者以外的大多数学生。

这么多的学生，他们平时在做些什么？他们在思考着什么？他们在期待又在焦虑着什么呢？

我没有注意过，也很少去思考。

自 2018 年开始，大学新生就进入了“00 后”时代。也就在今年，我突然就意识到自己好像老了，不仅仅是脸上看得到的鱼尾纹，和学生们的代沟也会不可避免地出现。但我还是认真地写着给你们的每篇文章，每句话，甚至每一个字。我想如果当中有某句话能够触动你们当中的某一个人，能够让你们在寒冬中感到一丝丝的温暖，那对我来说就足够了。

有一个学生和我说，她和一个老师闹矛盾了，然后就想着给学校的杨振斌书记打电话。但是电话拨通后没人接，后来就忘了。过了一会，杨书记回电话过来，问学生说“抱歉自己刚才在开会，有什么可以帮忙做的？”学生说她当时就愣住了，那一刻她突然意识到跟老师发生冲突是因为自己的冲动。让她出乎意料的是，她只是想抱怨，但杨书记是真的在认真接听这个电话。

她跟我说：“‘娘亲’，我也觉得自己很冲动，我跟杨书记说已经没事了，但是我的心真的特别温暖，我觉得自己受到了关注。”

“受到了关注”，我仔细琢磨着学生的这句话。

马斯洛把人的需求层次分为五个等级——生理需求，安全需求，归属与爱的需求，尊重的需求，自我实现的需求。在校园里，大多数同学的生理和安全需求都能够得到满足。

但是归属与爱呢？尊重呢？自我实现呢？大多数的同学，有没有被关注到呢？

有段时间，网上有个帖子，说的是“有多久没有人问你冷不冷了？”只是一句简单的问候就戳中了很多同学的内心。在这个纷纷扰扰、快速发展的时代，我们是不是可以慢下来，去认真体会生活，让更多的同学被看见、被关注、被温暖呢？

“莫听穿林打叶声，何妨吟啸且徐行。”也希望更多的你们能够遵循内心，成为自己。

未来的路上，“娘亲”希望能够继续陪伴你们，也希望你们可以继续关注和支持，让感恩和关爱一直延续！